近くも遠くもゆるり旅

益田ミリ

幻冬舎

Aomori
青森

鮫駅。

鮫駅前には鮫写真スポット。クリスマス前だからか、ツリーのように鮫にも電球が巻かれていた。

種差海岸。まるでスターウォーズ『フォースの覚醒』の舞台。いつかここでロケを……。

ご当地パンの
ぼうしパン
ぼうしの
「フチ」が大好きです

Kochi
高知

何度訪れても気持ちがいい桂浜。海岸で栗に似た石を拾う。

坂本龍馬のラテアート。

Fukushima
福島

楽〜

スパリゾートハワイアンズのプール。天井が高くて外にいるかのよう。フラガールのショーも楽しみのひとつ。

フラガール

Karuizawa
軽井沢

万平ホテルのアップルパイ

さわやか〜

ハルニレテラス。カラフルな傘で飾り付け。初夏のアンブレラスカイ。

2024年で創業130年、クラシックホテル「万平ホテル」。カフェのロイヤルミルクティはジョン・レノンも好きだったとか。

Chiba
千葉

ポルト・パラディーゾ・サイドのハーバービューの部屋に宿泊。深夜のプロメテウス火山は本物の山のよう……。

客室の窓から夜のディズニー・シー
海外旅行してるみたい

函館の坂道の上から
海を望む。

Hakodate
函館

「うにむらかみ」の無添加生うに丼。うにそのもののおいしさ！

「六花亭 五稜郭店」の店内で食べた「花の首飾り」。生クリームをのっけてくれる。

Okinawa
沖縄

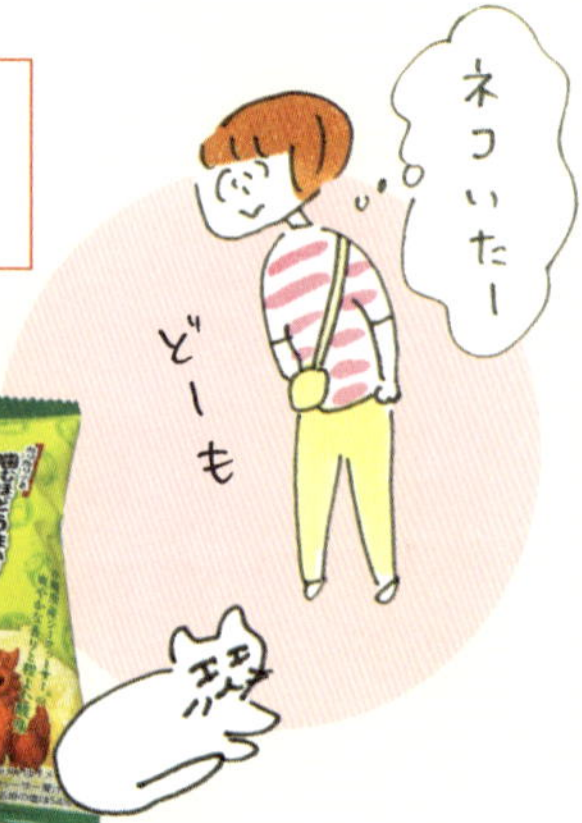

那覇空港国際線ターミナルにある「パスタコ」のタコス。ひとつから注文できる。皮はパリパリとしっとりの中間で絶妙！サルサソースをかけて。

堅あげポテトのシークヮーサー味。酸味がクセになる。自分土産にいつも買うやつ。

Osaka
大阪

551蓬莱本店のレストランで名物豚まん。

ときどき無性に食べたくなーる
うどん....

難波の夜。道頓堀川には観光船。ネオンがギラギラ。ゲームの中に入り込んだよう。

Nara
奈良

「吉野葛　佐久良」のくずもち。冷たくて弾力もあってつるつる！　きなこや黒蜜をかけて。

平宗
ランチに食べた柿の葉ずしのセット

Kurashiki
倉敷

白壁の街並。夜、川沿いはライトアップされる。

倉敷川を船でのんびり。倉敷に着いたらまずは倉敷観光案内所で乗船チケットを。

はじめに

なんか疲れたな。
と思ったとき、
馴染みの旅先があるのはいいものだ。
あの道を散歩して、
あのカフェに寄って、
夜はホテルのベッドで静かに眠ろう。

行ったことのないところへ旅してみたいな。
と思ったときの、
涼やかな気持ちもいいものだ。
つまらない旅はない、
たぶん、なんかはつまっている。

近くも、遠くも、ゆるゆると。
２０１６~２０２４年のゆるり旅の記録です。

益田ミリ

目次

＊旅の情報は当時のものです。

ブックデザイン　横須賀拓
イラスト　益田ミリ

近くも 遠くも ゆるり旅

くるみ蕎麦を食べる

長野・上田

2016

初夏の信州・上田に旅してみた。

東京から新幹線で約1時間半。初日は上田駅から上田電鉄別所線に乗り換え、別所温泉へ。山々に囲まれたほっこりとした温泉街だ。駅でもらった観光マップを手に、のんびりお寺巡りをしながら宿へと向かう。

安楽寺《あんらくじ》にある八角三重塔は、その名の通り八角の塔で、木造では全国にひとつしかない国宝なのだそう。眺めていると、ふと、わたしの大好きなお堂を思い出した。福島県にある会津さざえ堂である。くるくると巻いたさざえのようなかわいいお堂。あちらは三層六角。小さなお堂なのに上りと下りが違う通路になっているので、上がる人と下る人が出会えない。まるでパラレルワールド。こちらの八角三重塔は中には入れないが、外観の雰囲気や、建っている場所の雰囲気が似ていた。

常楽寺《じょうらくじ》というお寺にも寄る。「御舟《みふね》の松」と呼ばれる松の木があった。地面を這うように横に広がっていて大きな舟のよう。その常楽寺近くの見晴らしのよい茶屋で一休み。抹茶と梅の羊羹など食べつつ、新緑を見る。冬、上田は雪はあまり降らないのだとお店の人が言っていた。

宿に着いて荷物を置いてからは、早速、外湯めぐり。浴衣に着替え、地元の方々も利用するという温泉（お風呂屋さん）へ。途中、浴衣姿の若いカップルと出くわす。帯をキュッと結んだ女の子のウエストは、わたしの頭まわりくらい細い。男の子は背が高く、浴衣の裾から長い足がにょきっと出ていた。

手をつなぎ、楽しげだ。そりゃぁ、楽しいだろう。かわいらしい光景だ。彼らは、わたしに見られていることなど知らぬまま通りすぎて行った。

ちゃんと見ておいてあげたからね、とわたしは思う。若い彼らは、そう遠くない未来別々になってしまうかもしれない。だけど、今、この瞬間のキミたちは永遠なのだよ。

高校生のとき、好きな男の子と、偶然、駅までの道をふたりきりで歩けたことがあった。混んだ商店街をポツリポツリとおしゃべり。駅に着いて「じゃあ」と別れた。そんな偶然は二度となかった。されど、あのときのわたしたちは道行く人には恋人同士に見えたはず。5分間でも恋人だったならいいや。そんなふうに思い、日記帳に「5分間の恋人」というポエムを書き綴ったのだった。青春！

別所温泉、初夏の夕暮れ。宿に戻って寝転がった。

二日目は上田電鉄別所線で上田駅まで戻り、しなの鉄道に乗り換え、小諸《こもろ》駅

へ。

小諸の街には、今も江戸から明治にかけての古い建物が残っており、小諸城跡は「懐古園」という大きな公園になっている。共通券を購入すれば、隣接の動物園にまで入れてしまう。

さて、まずはお昼ご飯。信州といえば、やはりお蕎麦《そば》。観光案内所で教えてもらったうちのひとつ、丁子庵《ちょうじあん》という蕎麦屋まで散歩しつつ向かう。

歩いて10分ほどで店に到着。丁子庵にあった冊子によると、「150年の歴史を持つ総欅《けやき》造り」の建物なのだそう。くるみ蕎麦を注文すると、小さなすり鉢にくるみが入っていて、それを好みの粗さにゴリゴリ。そこにそばつゆを流し込み、つけて食べるというものだった。つるつる喉ごしのよいお蕎麦と、くるみだれの香ばしさ！　くるみだれって甘めのものが多い気がするけれど、ここのは生のくるみだからさっぱり。おいしかった。

小諸は、若き日の島崎藤村が暮らした街でもあり、藤村が利用していた井戸や、通った定食屋、妻と歩いた道などがガイドマップに見所として載っている。懐古園の「藤村記念館」には、小諸時代を中心にした作品や資料が展示されていた。

その中に、藤村が作ったカルタがあったのだが、その言葉がとってもいい。

ほ　星まで高く飛べ

ち　ちひさい時からあるものは、大きくなってもある

む　胸を開け

大きな声で読み上げたら、どんなに気持ちがいいだろう。カルタの絵は、岡本一平。岡本太郎のお父さんである。

小諸城は、城下町よりも低い位置にあったので「穴城《あなじろ》」という別称がある。

実際、立って見上げてみれば住宅街はうんと上のほう。その向こうは山だ。

なんだか敵に攻められやすそう？　しかし、実は、城の背後は断崖絶壁。崖の上に建てられたお城なのだ。展望もよく、ゆったりと流れる千曲川《ちくまがわ》が見渡せた。

お城や城跡から景色を眺めているとき、みんな、当時の武将の目になっているのだろうか？　わたしはなっている。「よい眺めじゃのう」と心の中でつぶやき、うなずいている。

最終日は上田観光。

上田の街には赤いのぼりが立ち、「真田丸」一色だ。駅の土産屋には六文銭のお菓子が並び、六文銭トートバッグ、六文銭扇子など、六文銭グッズで大にぎわい。

駅近くで無料のレンタサイクルを借り、日焼け対策をして、いざ出陣。重要文化財の製糸工場や、『犬神家の一族』ロケ地、「池波正太郎　真田太平記館」などまわる。

お昼は、またまたお蕎麦。池波正太郎が通ったという蕎麦屋「刀屋」に行くと、炎天下の中、行列ができていた。

うーん、じゃあ、別の店に行ってみるかと向かったのは、『アド街ック天国』の上田特集でも紹介されていた「草笛」。

駅から離れているので、ちょっとはすいてるかも？

などと望みをかけたが、こちらもたくさんの人。店内に待つスペースがあるので、土産物を見たり、職人さんの蕎麦打ちを見たり。20分ほどで席に案内され、冷たい蕎麦と、かき揚げ単品、くるみのおはぎを食べる。蕎麦のボリュームがすごく、食べても食べても減らない気がした。

再び自転車にまたがり、上田城跡公園へ。

「真田丸」の大河ドラマ館を見て、上田市立博物館に寄り、歴史音痴のわたしにも、うっすらと「真田」の概要が見えてきた。

真田親子3人が、徳川方と豊臣方に別れる話し合いをしたという「犬伏の別れ」。テレビでもよく紹介されている絵（真田親子犬伏密談図）が、上田市立博物館に展示されていた。佐藤雪洞という人が昭和33年に描いたものらしい。土産物屋でポストカードになっていたので、記念に2枚買う。ここぞ、というときに誰かに送ってみよう。

よし、取りあえず、重要なところは見られたゾ。

というわけで、帰りの新幹線の中で食べるおやつを探しながら、駅に戻る。天然酵母のパン屋でピーナッツベーグルと葡萄パン。じゃがバターのおやきは駅構内で購入。最後によく冷えたリンゴジュースを買い、上田の街に別れをつげた。

「ちひさい時から
あるものは
大きくなつてもある」
藤村カルタ
わたしは…
ずっと絵描くの好きやな

浜松ぎょうざの旅

静岡・浜松

2016

静岡県の浜松はうなぎで有名だけれど、ぎょうざでも有名らしい。雑誌のぎょうざ特集を読んでいたら、浜松ぎょうざという言葉が飛び込んできた。

食べたい。ぎょうざ大好き。

行くしかあるまい。浜松ぎょうざを食べる旅へと出かけて行ったのだった。

東京から、新幹線・こだまでのんびりと浜松へ。昼過ぎに到着し、新幹線の改札を出ようとしたとき、美しいピアノの調べ。見ると、グランドピアノを弾いている男性がいる。

そういえば、浜松は楽器の街でも有名なのだった。ヤマハやカワイなどの楽

器メーカーがあり、浜松市楽器博物館なるものまである。駅構内にはカワイのグランドピアノが展示してあり、自由に弾いてみることもできるのだった。

新幹線待ちなのだろうか、それともわたしと同じく到着したところなのだろうか。男性は一心不乱に鍵盤に指を滑らせている。なんの曲かはわからぬが、うまい、ということならわかる。

すごいなぁ、こんなにたくさんの人が通り過ぎる場所で堂々と演奏できる、その腕前！

うっとりと聞き惚れていたところ、彼が弾いているピアノの値札が見えた。

３７０万円!?

わたしも弾いてみたい。

40歳から習い始めたピアノ。今、試さずにいつ試すのだ。

この人が終わったらちょっとだけ弾かせてもらおう。と思って待っていても、彼の演奏はなかなか終わらない。そうだよなぁ、この人だって３７０万円のピアノだと思うとそりゃ弾きたいよなぁ。

ピアノの展示のすぐそばのスタバで待機する。コーヒーを飲み終わる頃、ピアノが空いた。

よし。弾くぞ。

スタスタと歩いていったところ、係の人がピアノを磨いていた。知っているくせに、さりげなく声をかける。

「このピアノって、試してみてもいいんですか?」

「どうぞ」

椅子に腰掛け、そっと鍵盤に触れてみた。

押す。鳴る。きれいだ。

ピアノ教室で使っているピアノとの細かな違いはわからぬが、370万円と思うとものすごく美しく感じる。唯一、そらで弾ける短い曲を演奏してみた。

自信がないので、小さな音量だったが、

「これはわたしの初リサイタルなのだっ」

と、妄想しながら弾き終えた。緊張して、終盤はもちゃもちゃしてしまったがよい記念になった。浜松の旅のスタートはバッハから始まった。


浜松銘菓、春華堂の「うなぎパイ」。

うなぎパイはおいしい。好物と言っていいと思う。されど、基本はお土産にいただくもの。

子供時代、いただいたうなぎパイを家族と分け合いながら、

「一箱全部食べたいなぁ」

と思っていた憧れのお菓子である。

ガイドブックをめくっていたら、浜松に、うなぎパイの工場があるらしい。

工場見学もやっている。せっかくなので行ってみることに。

ＪＲ東海道本線で、浜松のお隣り、高塚駅へ。駅からタクシーで往復約４千円。そこそこの出費である。工場見学は無料だった。

来場記念に、いきなり受付でうなぎパイがプレゼントされる。うなぎパイを手に、さっそく工場見学だ。

ベルトコンベアには、焼かれる前のパイ生地が流れていた。まだ脹《ふく》らんでないので、細くて短い。それがオーブンを通過するとぼわっと脹らみ、見慣れたうなぎパイサイズに。

工場全体を上から見渡せる場所が、この施設の最大の見せ場である。焼き上がったうなぎパイたちは、ひとつひとつ機械で包装され、人の手によって箱詰めされていく。

たくさんのお菓子が流れていく様子を見るのは楽しい。以前、北海道で「白い恋人」の工場見学をしたことがあるが、「白い恋人」が流れていくのも楽しかった。お菓子を流すだけのために作られた機械がこの世界には存在する、というのがなんともワクワクするのである。

うなぎパイ工場内のオシャレなカフェにも寄る。

「う巻き」を真似たデザートと抹茶で一息。クレープ生地の中に、刻んだうなぎパイとクリームとバナナとが入っているのだが、かなりおいしかった。

照明にうなぎパイの模型が大量に貼り付けられていた。パッと見、全然、うなぎパイには見えず、小さな切り株のよう。北欧風の森っぽい照明みたいだった。

近くを通った店員さんに声をかける。

「ここのカフェには、この電気以外にもうなぎパイが隠されているんですか?」

隠されている、とのこと。

「ヒントは、わたしです」

言われて店員さんを眺めてみれば、幾何学模様と思っていたエプロンが、うなぎパイ柄だった。こだわってる〜。

工場見学の出口には、むろん、お土産コーナーが。うなぎパイの試食コーナーもあり、高級な「うなぎパイ　V・S・O・P」も次から次に追加されている。わたしもだけど、みんな、ここぞとばかりバリバリ食べていた。子どもの頃の夢が叶ったようだった。

ああ、甘いものって幸せ！

そして次は、辛いもの。

高塚駅に戻るタクシーの中で、浜松ぎょうざへの期待が高まっていたのであった。

浜松ではタクシーに4回乗ったのだが、運転手さんたちにある共通点があった。みんな、なぜかこう言うのだった。

「浜松って、なんも見るとこないでしょー」

それで、こちらとしては、

「浜名湖も、浜松城もあるじゃないですか」

と、なるわけだけど、

「浜松城なんか、金持ちの家くらいの大きさだしねぇ」

と、くる。さらには、

「楽器の街っていうけど、別に知られてないでしょ？」

追い打ちをかけてくる。

浜名湖、浜松城、楽器、うなぎ、うなぎパイ。こんなにあればどんどこ自慢してよいものなのに、相当、謙虚である。

しかし、浜松ぎょうざに話題をふれば、ちょっと熱い。

「わたしはあの店以外行かないけどね」

とか、

「これから言う4つの店以外は認めないね」

な〜んて教えてくれるのだった。

午後4時30分。「むつぎく」という老舗《しにせ》ぎょうざ店へ。雑誌で見て、行こうと決めていた店だ。浜松駅からもほど近く、5時オープンなのに、もう長蛇の列。

開店と同時にどーっと店内に通される。並んでいる人がたくさんいるので、基本、追加の注文ができないみたい。なので、腹ペコな人は「ちょっと多いかな?」というくらい頼んでおくほうが良さそう。

フライパンの形に丸く並べられて焼いてあるのが、浜松ぎょうざの特徴らしい。中央にはボイルしたもやしがのっている。これも特徴。

「むつぎく」のぎょうざは、ひとくちでパクリといけるくらい小振り。食べて驚いた。初体験の食感なのだ。キャベツの切り方が、もう、ハンパなく細かい。皮の中から、とろりと溶け出しそうなほど。中はほとんどみじん切りキャベツなので、もはやサラダ感覚。めちゃくちゃおいしくて、永遠に食べつづけていたかった……。店を出ると、行列はますます長くなっていた。

そのあと、2軒のぎょうざ屋をハシゴして、翌日、新幹線に乗る間際に、もう一軒。タクシーの運転手さんおすすめのお店も含め、計4店舗行った。にんにくがきいている店もあれば、ざく切りキャベツの店もあった。どの店もそれぞれおいしかった。そして、これが、結論。

焼ぎょうざって、いくら食べても飽きない！

お土産に冷凍ぎょうざも買いましたとさ。

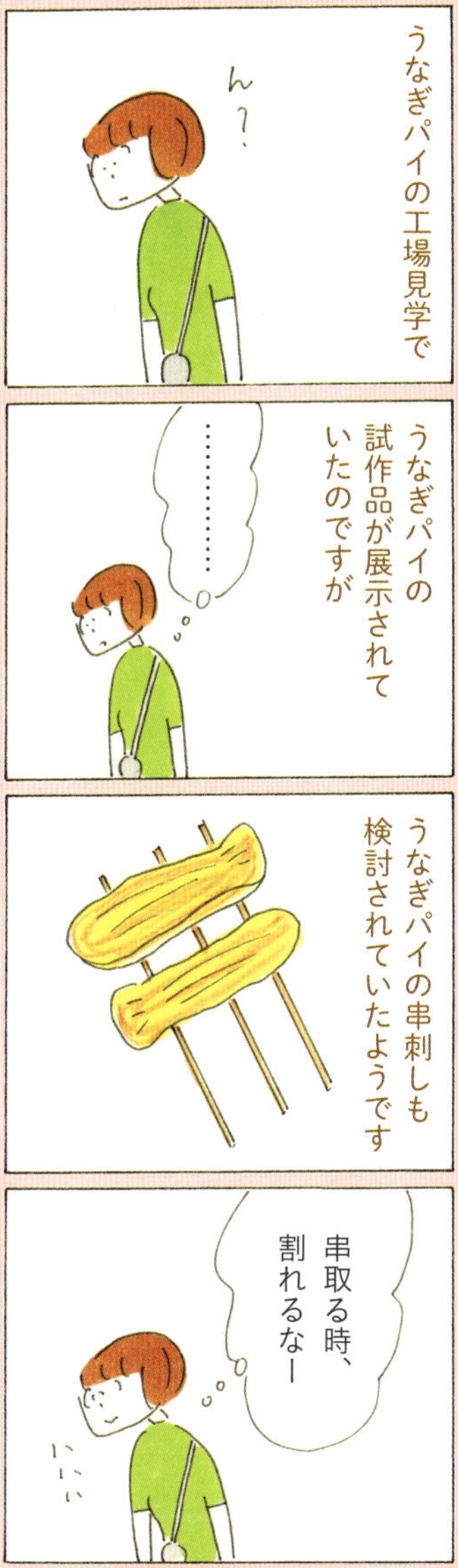
うなぎパイの工場見学で
ん？
うなぎパイの試作品が展示されていたのですが
……………
うなぎパイの串刺しも検討されていたようです
串取る時、割れるなー

書店、朝市、スターウォーズ

青森・八戸

2017

まるで夢をみているようだった。

あるいは、現実の世界から物語の中に入り込んでしまったみたいな。

青森県、八戸市の巨大な朝市のことは何かで読んだことがあった。行ってみたいなぁと思っていたので、年の瀬、寒いが、えいやっと旅に出たのだった。

八戸では、朝市の他にもお目当てが。本屋さんである。おもしろい書店があるらしい。

東京駅から新幹線で八戸へ。

ホテルに荷物を置いて、すぐに書店にむかう。繁華街は駅からちょっと歩く。

にぎやかな通りに「八戸ブックセンター」はあった。

中に入る。オシャレなカフェもある。コーヒーを飲みながら本を探せるようだった。柱にひょこっとひとり用の椅子がついていたりして、木に生えたきのこのよう。腰掛けてみた。なんだか楽しい。自分の家にこんなスペースがあったらな〜なんて思ってたら、店内にはハンモックまであった。本棚の隙間にすっぽり収まるようにぶら下げられているのである。

むろん、座ってみる。ハンモックに揺れながら手が届くところにあった一冊を引き抜く。ジュリアン・バーンズという人の『終わりの感覚』という本だった。

カフェでお茶を注文。小一時間ほどいただろうか。居心地のいい本屋さんである。

夕食は近くの鯖料理の専門店「サバの駅」へ。名物の鯖料理をあれこれ食べ、テイクアウトに「サバサンド」も。ホテルでの夜食用である。

翌朝。

というか、夜明け前だから、まだ夜の世界だ。

朝市行きのバスに乗車。本当に真っ暗。朝市があるのか不安になってくる。

３００店もの屋台が港にたっているようには思えない人気の無さ……。しかし、15分ほどすると、ぼうっと明かりが見えてきた。それが、冒頭につづくのである。

毎週日曜、早朝限定の館鼻岸壁朝市《たてはながんぺきあさいち》。暗闇に浮かぶ屋台の明かり。そこから立ちのぼる温かそうな白い湯気。なんと幻想的なのだろう。

バスから降りて市の中に入っていく。総菜を売る店、魚や野菜を売る店。おでんやラーメンの屋台もある。入れたてのコーヒーの香り、揚げ物の匂い。

どこから出てきた？

というくらいの人出。あと一週間もすればお正月。年末年始の買い物で地元の人々もテンションが上がって見える。買い食いしつつ、お土産におやつやりンゴ、あれこれお買い物。もう、ホテルから宅配便で送る気マンマン。

白い息を吐きながら屋台をのぞきこんでいるうちに、気づけば太陽が顔を出していた。

冬の朝市もいいものだなぁ。

ホテルに戻って一日、休憩し、午後からは種差《たねさし》海岸へ。太平洋だ！　風は強くなかったので、ぶらぶらと海辺を歩いた。

どこかで見た似た景色に遭遇する。

知ってる、なんだっけ？

そうだ、スターウォーズの『フォースの覚醒』の最後に出てきた、あの岩の島だ。そう見えるような構図で写真を2枚。

書店、朝市、スターウォーズ。

盛りだくさんの八戸旅であった。

夜明け寸前
真っ暗な中、バスで
朝市へと向かう
外、夜やで
しばらくすると
遠くの方で朝市の
灯が見え
美しくて泣きそうに
なったのでした

なんかすごいぞ沢田マンション

高知

2018

高知龍馬空港に降り立つと、着ぐるみが出迎えてくれた。カツオを頭にのせたゆるキャラが、「一緒に写真をどうぞ」という動きで、観光客を誘っていた。胸元には「まち・ゆうき君」という名札が。

そばにいるスタッフの女性陣は、めちゃくちゃ明るかった。カツオの帽子を観光客にすすめ、それをかぶらせて記念写真を撮っていた。

旅先で大げさに歓迎されるのは気持ちがいいものだ。やっぱり、高知、好きだなぁ。久々の高知旅行の幕開けである。

高知に行くことは年明けから決めていたので、飛行機のチケット代も東京からの往復で2万円程度。宿はビジネスホテルにしたので、ゴールデンウィーク中でもかなりお手頃である。

一旦、ホテルに荷物を置き、まずは「横山隆一記念まんが館」へ。

横山隆一さんは、4コマまんが『フクちゃん』の作者である。以前にも来たことがあるのだが、趣向を凝らした展示でたくさんの絵が見られる。

仕事部屋の再現もある。それから自宅に作ったバーの再現も。自宅のバーには、作家、川端康成も遊びに来たのだとか。そういえば横山さんにはおもしろい収集癖がおありで、「川端康成の胆石」なんかも展示してあり、笑ってしまった。

「横山隆一記念まんが館」のあとは、アーケードの長い商店街をのんびり歩き、「ひろめ市場」へとむかう。

「ひろめ市場」は、言うなればドデカい屋台村。飲食店がひしめきあい、それぞれの店で買ったごちそうを、共有のフードコートで食べられるシステムである。

ものすごい人だった。満員電車さながらの通路をゆるゆると進みつつ、両脇の食べ物屋の陳列棚をのぞいていく。

春の高知といえば初ガツオ。新鮮なカツオのたたきが並び、他にも四万十川の青さのりの天ぷら、できたての鯛飯など、あれやこれやとおいしそうである。

問題は席だ。ごちそうを買っても席がないと食べられない。まずは席の確保が先決である。

食べ終わりそうなテーブルを、鷹の目のように狙っている人々がいっぱいいる。負けじと全神経を集中させて、人の動きを見る。「あっ、あそこ空きそう！」と、進みかけたときには、カルタのときの「はいっ」という手の動きくらいのスピードで他の人に取られていたのだった。

「ひろめ市場」内を20分ほどぐるぐる周遊し、ようやく空席をゲット。

「まずはわたしが行ってくるよ」

同行のうちの彼に席番を頼み、食料の調達。カツオのたたきを買い、人気の屋台餃子で餃子を二人前注文した。注文してから1時間ほどかかるらしく、だいたいの席を申告しておけば持ってきてくれるらしい。

あとは、ぼうしパンも買った。麦わら帽子のような菓子パンで、味はメロンパンの友達みたいな？　こちらも高知の名物である。

席が確保でき、心にゆとりが生まれる。基盤となるところが人には必要なのである。ハイボールを買って乾杯し、テーブルに並んだものをパクパク食べる。

「ちょっと見てくる」

順番に市場をぐるぐるし、おいしいものを仕入れてくる楽しさといったら！

一時間後に席まで届けられた餃子は揚げたようにパリパリとこうばしく、あとで調べたら地元でも大人気のお店らしかった。

夕暮れ前にはすっかりおなかがふくれ、もう夜ご飯これでいいか、と安上がりな初日なのであった。

高知旅行、二日目。

バスの一日乗車券を利用し、高知市内の主な観光名所をまわる。

まずは桂浜へ。過去に二回観光で訪れているが、何度行っても気持ちがいい場所だ。

坂本龍馬の立派な銅像も立っている。ちょうどイベントが行われており、特設の展望台をのぼれば、龍馬像の顔の高さまで大接近できるというのをやっていた。１００円だったので、むろん、のぼる。大接近できた。龍馬像は晴れ渡る太平洋をまっすぐと見つめていた。

しばらく海辺を散歩する。砂浜でおもしろい形の石を探し始めたらやめられなくなる。「栗」にそっくりな石を発見した。だからどうだというわけではないのだが妙にうれしい。

新しくなった坂本龍馬記念館にも寄り、その後は、周遊バスで「牧野植物園」へ。

ここは植物園というより、もう軽い山みたいな感じで、個人的にかなり好きな植物園なのだった。

ひとつひとつの植物に名札がついている。おだやかな気持ちで見てまわる。バラの花が咲いていていた。大切に育てられているそのバラのそばで、タンポポが勝手に咲いていていた。タンポポにはタンポポらしい美しさがあり、バラのようではない自分と重ね合わせ、しみじみと眺めた。

牧野植物園の温室には人工の滝などもあり、なかなかの迫力だ。水に浮かぶオオオニバスの葉は、猫程度なら普通に乗れるくらい丈夫そうだった。

園内の売店に立ち寄ったところ、食虫植物の鉢が売っていていた。それを一組の夫婦が買うか買わないか迷っており、妻のほうが「買いたい」度が高いように見えた。毎日、虫とか与えるのかなぁ。いろいろ想像してしまう。

バスで市内にもどり、夜は気楽な居酒屋へ。ポテサラは居酒屋にあるとたいてい注文する。ポテサラの量と価格で、その後のメニューの雰囲気がわかる、というのもあるし、単に好き、というのもある。

ポテサラは500円で、かなり小さい鉢で出てきた。このお店、一品一品の量は少なめということか。料理は多めに注文したほうがよいかもな。

しかし、ポテサラの基準は、今回あてにならなかった。ポテサラ以外の、「カツオの塩たたき」、「ニンニクのすり身揚げ」、「そらの実の天ぷら」など、どれもそこそこの量で出てきたのだった。ちなみに、そらの実はニンニクの芽のこと。〆に頼んでいた「土佐巻き」は、カツオの巻き寿司なのであるが、10切れお皿に載って出てきた。

一日歩いてくたくただったが、腹ごなししてからじゃないと眠れそうもないので、夜のアーケード商店街を行ったり来たり。

観客に囲まれ、歌っている若者を何人か見かけた。
街角で歌っている人の姿は、なにかを信じている人の姿だった。
がんばれ~というビームを送りつつ、歩きつづけた。

市内を走る路面電車。アンパンマンの作者やなせたかしさんは高知出身。

高知には日曜市があるのだった。日曜市とは、野菜や総菜、パンや植木など、いろんな出店が並ぶ青空マーケットのことである。その長さ、約1キロメートル。あれこれ食べ歩きを楽しみつつ、お買い物ができるという楽しい街路市である。

市は早朝から夕方までたっているのだが、売り切れたら店じまいなので、午前中からでかけていく。買い食いするのだから、むろん、朝食抜きだ。

名物の揚げたて「いも天」は、さつまいもの天ぷら。長蛇の列だったが、手際よく揚げていくので、そう待つこともない。衣も甘いので完全におやつという感じ。サクッと軽く、強い心でセーブしないといくらでも食べつづけてしまいそう……。

「田舎寿司」もいろんな店で売っていた。ミョウガやコンニャク、甘く煮たしいたけ、薄揚げなどをネタにしたにぎり寿司である。酢飯に細かいユズの皮がまぜこまれていて、さわやかな風味だった。

日曜市を満喫したあとは、そのままてくてく歩いて高知城へ。天守閣までのぼり、高知の街を武士になったつもりで見渡した。

ふと、思う。

彼らが想像した未来と、今のわたしたちが想像する未来の差は、どのくらいのものなのだろう。

江戸時代の人々は、テレビやスマホがある未来など想像もできなかったはず。わたしたちにも、そんなふうに想像もできない未来があるのだろうか?

小学生に未来の絵を描かせれば、空飛ぶ車や宇宙行きのエレベーターくらいはもはや想定内。我々が思いも寄らぬ２００年後の世界、とはいかなるものなのか。知らないまま死ぬことが悔しいのだった。

桂浜、龍馬記念館、牧野植物園、日曜市、高知城。

市内の観光名所をだいたい押さえたところで、今回、わたしがもっとも楽しみにしていたちょっと変わった観光スポットへと向かう。その名は「沢田マンション」。略して「沢マン」である。

沢マンとは、一般の人が住むことができる、いわゆる賃貸マンションである。なのに、ガイドブックにも載っているのだった。『ことりっぷ 高知 四万十川・室戸』（昭文社）の紹介には、簡単にこうまとめられている。

「1971（昭和46）年から30年近く年月をかけて、沢田夫妻が手作りした沢田マンション。地下1階、地上5階の建物は、まるで迷路のよう。」

夫婦の手作りで、地下1階、地上5階……。

なんか、すごいぞ沢田マンション！

雑誌やテレビで取り上げられていたので存在は知っていたが、意外にも、高知駅のお隣りの薊野駅から徒歩15分と、気軽に行けそうである。ちなみに薊野は「あぞうの」と読む。

小雨が降る中、電車に乗って薊野駅へ。スマホの地図をたよりに歩けば、前方に見えてきた巨大マンション。

「あった！　絶対、あれだ」

沢マンを目指して近づいていく。

頂上には「沢田マンション」という看板。ゴシック調の淡々とした文字だ。

入り口に立つ。

一階部分だけでなく、各階、いろんなところから草木が生えているのがわかる。荒れているのではなく、住宅地を歩いているときに見える庭木のような感じ。

そうなのだ。沢マンは、マンションなのに「町」っぽいのである。

スロープがあった。車一台がゆうに通れるスロープがマンションの上階にむかってのびやかにつづいている。すべての階が地面の上にいるようなマンションにすべく、山道をあがっていけるようにしたい、という理由で、なんと5階まで車で行けちゃうのだとか。

沢マン内にはレストランや事務所もあるので住人以外も建物内に入ってよいはずなのだが、気軽には足を踏み入れられぬ威圧感がある。威圧感というか、見張られている感？

沢マンを見上げていたところ、スロープから降りてきた人が近づいてきた。叱られるのだろうか？　ドキドキしていたら、なんと、沢マン内を案内してくれるという。

かわいい雑貨屋があるらしい。階段をのぼって行く。沢マンの中は安野光雅さんの『ふしぎなえ』を彷彿《ほうふつ》させる、なんともふしぎな世界だった。

椅子とテーブルを置いて、ちょっとお茶でもしたいな、と思わせる場所がそこここにある。廊下でもあり、広場でもあるようなスペースだ。

階段の配置が複雑で、案内してくれた人も何度か迷い、しかし、なんとか雑貨屋にたどり着いた。店というより人の家のドアという感じなので、教えてもらわなければ開ける勇気はでなかっただろう。案内してもらえて助かった。お礼を言って別れたが、住人ではなく、たんに見学に来ていた近所の人のようだった。

その後も沢マン内をおそるおそる見学する。おそるおそるになってしまうのは、歩いていたら突然、住人のベランダに出る、なんてこともあるからで、東京に戻ってから『沢田マンションの冒険』（加賀谷哲朗著・ちくま文庫）を読んでいたら、「なるほど！」と思うおもしろいことが書かれてあった。

「建物の構成上、共用部に干される洗濯物や布団。繊維製品にすぎないそれが外部の論理で解釈されて、侵入者を牽制するガードマンの役割をしてきたという側面が少なからずあったと思うのです」

廊下ににじみ出ている住人の生活感。それが、「ここ、部外者が本当に歩いていいの？」と、おそるおそるにさせる。すばらしい防犯システムである。ちなみにこの本によると、沢マンの屋上には菜園や田んぼ、オーナーが孫たちのために作ったという池まであるのだそう。

いいなぁ、いいなぁ、沢田マンション。こんなところに住んでみたいなぁ。沢マン内を住人の子供たちが楽しげに行ったり来たりして遊んでいるのを見て、空想の中で、つかの間、わたしも沢マンの子供になっていたのだった。

三泊四日の高知旅も最終日。

本来なら二泊三日でもいけるくらいのプランを、あえて三泊にする。すると、「おまけ」ができる。おまけはゆとりであった。

夕方、飛行機に乗るまでの時間は、観光というより喫茶店でのんびり。

まずは、はりまや橋近くの老舗の喫茶店へ。細い階段をのぼった二階。昭和レトロの店内は奥に縦長で、小さいけれど圧迫感はない。カフェオレを注文すると、熱々のコーヒーとミルクがトレーに載って別々の容器で出てきた。洗いものが増えて大変だろうに……と案じつつ、コーヒーとミルクを自分で混ぜ合わせるのは楽しい作業なのだった。

小一時間のんびりし店を出た。散歩しつつ向かった先は、次の喫茶店である。わたしは日頃から喫茶店好きなので、結局、最終日は3つの老舗喫茶店をはしご。

高知の喫茶店は、モーニングセットがハンパない。

まず時間。朝から昼の3時くらいまで普通にやっている。メニューも豊富で、量もある。それで500～600円ほど。最後にあったかいお茶が出る店もある。

朝食はホテルのビュッフェで済ませたので、喫茶店では飲み物だけだったの

だが、モーニングセットとほぼ変わらない値段になるため、
モーニング食べて欲しいな～
食べればいいのに～
という店員さんたちのビームを感じ、
高知県民って、
やっぱいいわ～
と、高知を後にしたのであった。

高知名物日曜市
お目当てはさつまいもに
衣をつけて揚げた
「いも天」
あげたて天ぷら
あった！
わたしの高知旅の
お目当てが
衣カリッと
この「いも天」と
言ってもいいかも
しれません
うまー

土偶がかわいすぎた夏

東京・上野

2018

ＪＯＭＯＮを観てきた。

東京国立博物館で開催されていた、特別展「縄文―１万年の美の鼓動」である。毎週金曜日は夜の９時まで開館しているので、夕暮れ時、友人たちと待ち合わせて出かけて行ったのだった。

上野駅に到着後、まずはカフェで一休み。

今年の夏も暑かったねぇ、お盆は実家に帰った？　あっという間に秋がくるねぇ、運動不足だよ、ホント、痩せたい。

いつものメンバーと、いつもの会話。しかし、「上野」まで遠出しているせいで、いつもよりちょっとテンションあがっている感がある。わたしなどは、暑い暑いと言いながらも、せっかくだしと、パンダの顔の「パンダ・ラテ」を飲んでいたのだった。

さてさて、縄文である。

縄文時代の人々が作ったものをずらーっと間近で観られるチャンスである。土器や土偶は、「子供の頃、粘土でこういうの作ったよな」という思い出を指先が覚えているので、鑑賞しつつ、どこか懐かしい。

あの縦の模様つけるときは、楽しかっただろうなぁ。

つかの間、縄文人になり、脳内で土器を作っていた。

とはいえ、火焔《かえん》型土器はかなり複雑な土器で、脳内でも気軽には作れない。燃える炎のような形をしていることから火焔型と名づけられたそうで、確かに上部がメラメラした形状をしている。一転、下の部分はソフトクリームのコーンの形に似た軽やかなデザインで、

「見てたらソフトクリーム、食べたくなってきた……」

友のひとりに耳打ちすると、同意が得られた。そして、火焔型土器型ソフトクリームコーンのソフトクリームを売店で販売したら、絶対、ヒットするよね、などと盛り上がる。

火焔型土器は煮炊きに使われていた可能性があるらしい。もしそうなら、メラメラ型のド派手な鍋である。

シンプルな暮らしをヨシとしている現代のわたしたち。火焔型土器を作っていた頃の縄文人が見たら、相当、もの足りないに違いない。

東京国立博物館はデカい。最初は6人一緒に見ていたが、次第にそれぞれのペースでの鑑賞に。途中、ばったり会うと、軽い情報交換。

「猿の土偶、見た？　かわいかった〜」

「えっ、どこにあった？」

ちなみに全員イラストレーターである。

個人的には、いのししの土偶が超かわいかった。かわいすぎて、戻ってもう一度見たいくらい。

土器や土偶を観るのが楽しい日がくるとは思わなかった。が、きた、のである。この先、また「きた」が増えるのだろうか。なんだろう、化石とか？　苔とか？　想像すると、ちょっと楽しみでもあった。

パンダ・ラテ。

火焔型土器型
ソフトクリームを
土偶ロボットが
……
ツツツ
運んできてくれる
ミュージアムカフェを
オマタセ
シタネ
おー！
次回の「JOMON展」で
やってほしいです
ははは

一泊二日のハワイは天国だった

福島

2019

一泊二日でハワイに行ってきた。

福島県のスパリゾートハワイアンズである。映画『フラガール』でその存在を初めて知り、いつか行ってみたいものだなぁと思っていたのであった。

スパリゾートハワイアンズまでは都内から往路無料の送迎バスがあるのだが、旅気分を味わうため往《い》きは電車で。品川駅からスーパーひたちに乗車し、お弁当やおやつを食べ、新聞を2紙読み終えた頃に湯本駅に到着。そこから無料送迎バスに10分ほど乗れば日本のハワイにたどり着く。

初めてなので全貌がわからない。チェックイン後、部屋に用意されていた赤いムームーに着替える。ムームーの下は水着である。

「みなさん、そうされてますよ」

とフロントの人が教えてくれた通りにしてみた。

まずはメインとなる室内巨大プールへ。コインロッカーに手荷物と脱いだムームーを預けプールエリアに入る。

デカい。

成田空港みたいに広々とした空間が広がっていた。天井は鉄骨に透明のトタン屋根を張ったような作りで、外の光が差し込んでいる。何本ものすべり台があり、子供たちが猛スピードでプールにドバッとなっていた。プールのそばにファストフードの売店が並び、夜のショーの舞台もこのエリアにあった。

取りあえず一番広いプールへ。３００円ショップで買っておいた浮き輪につかまり、しばし漂う。

流れるプールもあるようなので行ってみる。日本初の流れるプールは、なんとここで誕生したそうな。

流れるプールの中央にはミニ水族館があり、たくさんの魚が泳いでいた。小さいサメまでいる。魚たちをながめつつ、浮き輪に座り一周する。我々は魚たちからどう見られているのか。

次なるエリアへと向かう。温水プールがあるらしい。館内はかなり複雑だ。増築増築を繰り返している建物特有の難解なレイアウトになっている。でも大丈夫だ。どの係の人に声をかけても、みなとても親切に道順を教えてくれる。あっちこっちで確認しつつたどり着いた温水プールは室内と野外、両方あった。季節は初夏、ほどよい曇り空だったので野外温水プールへ。

子供たちが遊べる浅いプールの他に、小さなジャグジーもあった。ぶくぶくとジャグジーを味わいまったりする。鳥の声が聞こえる。周囲は山というか、森というか、雑木林のような緑があるだけで海などは見えない。次第に自分がどこにいるのかわからなくなってくる。

いったん部屋に戻り、今度は男女別に裸で入る広い温泉エリアへ。オンドルや打たせ湯もある。さらりとしたいいお湯だった。

温泉のあとは夕食である。夕食の開始時間がなんと5時。8時半からのフラダンスのショーに間に合うようにセッティングされているのである。

広いディナーブッフェ会場にはムームー姿の女性陣とアロハシャツ姿の男性陣が皿を持ってうろうろ歩き回っていた。うん、いい感じだ。かなり楽しそうである。シェフが調理してくれるコーナーにはポークやラムのステーキ、ラーメンやフォーが。他にもお刺身やエビフライ、さまざまな小鉢料理やカレー、グラタン、パスタにハワイアンピラフ。デザートコーナーも品数が多くうろうろ歩き回る理由がよくわかる。

プールでも感じたことだが、ポッカリとここにいない世代が見えてくる。それはアラフィフ世代（わたしもここ）と中高生である。小さい子を持つ三十代の親&その親（孫と一緒に来た祖父母）が客層の中心。中高校生たちはアラフィフの親と旅行などしたがらないだろうし、部活や受験もある。いつか自分の家族を持ってからワイワイやってくるのであろう。

夕食後はお待ちかねのショーである。

無料席もあるがせっかくなのでSS席1200円を予約したところ、前方のめちゃくちゃ見やすい席だった。他の席にはない飲み物ホルダーも付いていた。ドリンク半額チケットも貰えるのでお得な気がする。

最初にファイヤーダンスがある。屈強な若い男性らが火がついた棒をぐるぐる回して踊り始めた。腰回りを隠している以外は裸である。練習中に何度やけどをしたことだろう？　やけどってヒリヒリが長引くし本当に痛い。大変だっただろうなぁと思うと目頭が熱くなってしまった。

いよいよフラガールである。これはもうかわいくてかわいくて笑顔で見る以外にない。次々と衣装を変えていろんなダンスを披露してくれるのだが、踊りながら「ヒャッーッ」みたいな歓声をあげるのがなんともよかった。ジャングルに住む幻の鳥が鳴いているような神々《こうごう》しさである。ショーが終わるとSS席の人はフラガールと写真を撮ることができ、むろん撮ってもらった。

翌朝は朝風呂（温泉）に入り、朝食会場へ。またまたムームー&アロハシャツの人々が皿を持ってうろうろしていた。見ようによっては全員パジャマみたいだが、そのゆるい感じがよいではないか。

新宿行きの無料バスは午後3時発。それまでは再び室内の巨大プールエリアでのんびりする。

ベンチに腰掛け、ホットコーヒーを飲んだ。

天井からやわらかな光がそそいでいる。椰子《やし》の木と青いプール。水着姿の解放された人間たち。天国がこういうところだったらいいなぁ。明日のことなどなにも考えず、ただハワイアンズの中にいた。

なーんのしめつけも
ない服で
ムームー
ただただのんびり
過ごす
らくー
食事はホテルの
バイキング
らくー
ナニモカンガエ
ラレナイ
ぼーっ

旅先カレーにハマる

福岡・博多

2019

秋の福岡へ。二泊三日の旅である。

ぎりぎりに決めたので飛行機の早割もなく、旅行代理店で見つけたホテル付き新幹線往復プランを利用することにしてみた。なんと往復10時間！　乗り遅れると使えなくなる時間厳守のチケットだ。とはいえ、グリーン車が利用できるし飛行機よりうんと安い。お弁当やおやつを食べたり、積読になっていた本を読んだり。たまにはこういう旅もよかろう。

単行本を2冊読み、博多に到着したのは午後3時前。

博多と名古屋はちょっと似ている気がする。駅前の広々とした広場とか、地

下の通路の感じとか。駅近くのホテルにひとまず荷物を置き、すぐに駅に戻る。

取りあえず、なんかちょっと食べたい。回転寿司屋に入ってみた。店内はガラガラなのに、なぜかおじいさんの隣りに案内され、それはまぁいいとしても、おじいさん、爪楊枝でシーシーやっているのだった。しかもずーっとやってる。爪楊枝シーシーの横で食べる新鮮なお寿司……。なるべく視界に入れないよう2皿食べ終えたところでおじいさんは帰っていった。テーブルを見ると20皿くらい積んであり感心する。


午後6時。ホテルにもどってテレビを見る。ラグビーワールドカップの決勝戦である。南アフリカ対イングランド戦。「にわかファン」の身ではあるが、決勝戦ともなるとルールも多少わかるようになっている。投げられたボールを取るためににょきっと人が浮き上がるところ。あれは何度見ても見飽きない。早く「にょき」にならないかな〜と思いながら決勝戦も見た。

南アフリカが優勝し選手たちが喜び合っているのを確認したのち、再び博多駅へ。地下ののれん街で軽く一口餃子とハイボール。隣りの女の子ふたり組は、わたしのハイボールの倍くらいありそうな巨大ハイボールを飲んでいた。青春を楽しむのだゾ！　最近はもう「若い子たち」というだけでどの子もみな輝いて見える。

翌日は地下鉄に乗り赤坂まで。けやき通りで古本市があるので見にいく。「ブックオカ」という本のお祭りのイベントのひとつで、一般の人たちが思い思いに書店名を付け、通りに本を並べて販売しているのだった。あれもこれもと買っていたらエコバッグがどんどん重くなり、帰りはバスで西鉄の福岡駅まで。ここから電車に乗って太宰府へと向かったのだった。

西鉄の福岡駅から太宰府駅までは30分ほど。太宰府駅のコインロッカーに荷物を預け身軽に歩き始める。

太宰府天満宮の参道には土産屋が並び、梅ケ枝餅《うめがえもち》のお店がいっぱい。どこのもおいしそうだ。

甘さ控えめ、と書かれてある店でまずはひとつ。パリッと焼いた餅の中に粒あんが入っている。このあんが飛び上がるほど熱いのだった。

おいしかった〜と前進する。途中、かさの家という店の前で大行列ができていた。梅ケ枝餅を買うための列である。わわわ、ここのも食べてみたい。奥に食事どころがあったので、取りあえず昼ご飯を食べ終えてから並べばいいかと店に入ったら、メニューに「梅ケ枝餅　130円」とある。

「あの、これ、お店の前で並んでいる梅ケ枝餅が出てくるんですか?」

お店の人に聞くと

「はい、そうです」

「熱々のですか?」←さらに聞く。

「はい、そうです」

それはありがたい。ではでは「さいふうどん」のあとに梅ケ枝餅をお願いします！

「さいふうどん」はカマボコやチクワがのったあたたかいうどんで、麺はやわらかめ。いや、超やわらかめ。薄味でおいしい。旅の胃袋にやさしい味わいである。その後、熱々でてきた梅ケ枝餅もやはりおいしかった。

梅ケ枝餅は、餅の部分が甘くない。それがいい。めちゃくちゃいい。餅が焼いてあるのもいい。薄さもいい。全部ちょうどいい。あんこの餅の中では梅ケ枝餅が一番好きかもしれない。

太宰府天満宮へ行く前に九州国立博物館へ。太宰府天満宮の手前を曲がり長いエスカレーターをのぼると大きな建物が見えてくる。大海原に浮かぶクジラみたいな形の建物だ。全面がガラスになっているので周囲の山が映り込んでいる。

ちょうど「三国志展」が開催中だったので見ていくことに。三国志にくわしいわけではないけれど、展覧会というものはくわしくない人が行ってもよいのである。イヤホンガイドの声が吉川晃司さんで、時間があればぜひ聞きたかった。高校生の頃、友達と吉川さん主演の映画『すかんぴんウォーク』を観に行った。『タッチ』との二本立てだった。思えば、あの頃、映画の座席は座ったもん勝ち。みな我先にと奪い合ったものだった。

博物館を出たあとは太宰府天満宮へ。おみくじをひくと中吉だった。おみくじに左右されることはないのだけれど、書かれてある文言に思うところがあり、スマホケースに挟んでおく。ときどき読んで自分を戒めるつもりだ。おみくじにはこう書かれてあった。

「誠実、実直に対処し能力の範囲内で解決を図りましょう」

旅先でカレーを食べることにハマっている。

カレーはどこでも食べられるのだし、地元の名物を食べればよいのではないか？　という意見もあるかもしれない。

しかしである。ここにしかないカレー屋なら、ここでしか食べられないカレーなのである。

というわけで2日目の夜はカレーにしたのだが、先に書いておくと次の日の昼もカレーにしたのだった。

まず夜カレー。天神近くで南インドカレーを食べた。カシューナッツのカレーとビリヤニ。カレーはほんのりとした甘さもあるんだけどしっかり辛く、ビリヤニのパラパラしたご飯ともよくあった。カリフラワー&ジャガイモのカレー料理の一品も間違いないおいしさ。店内は満席だった。

夕飯のあと映画を見に行く。旅先で映画を見るのもハマっている。レイトショーでホラー映画『IT／イット THE END』を見てみた。わかっちゃいたが怖かった。ピエロがいろんなものに変身して脅かしてくるより、普通にピエロの姿で立っているほうがゾッとするのはなぜなのだろう。比べてみれば、最初に公開されたほうがわたしは怖かった。

翌日、昼カレー。

えっ、こんな路地の先にカレー屋さんがあるの？

とびっくりするような細い細い路地に行列ができていた。並んでいたら前からメニュー表がまわってくる。チキンカレー、キーマカレー、シーフードカレー。ざっくりこんな感じ。その後、並んでいる状態でお店の人がオーダーを取りにくる。

前のカップルの声が聞こえる。

「ごはん多めで３本」

「わたしはごはん普通で１本」

なんの本数？　トウガラシとのことだった。わたしは基本のチキンカレーのままにしたのでゼロ本。それでもかなり辛かった。辛うまである。チキンカレーのチキンがものすごくやわらかでたっぷり入っている。一階のカウンター席に通されたので二階の様子はわからないが、行列でも回転は速かった。「Tiki」というカレー屋さんだった。

地下鉄に乗り、大濠《おおほり》公園のすぐそばにある福岡市美術館へ。コレクターによる「仙厓《せんがい》展」が開催中だったので見に行ったのだが、なんと観覧料200円！コーヒー代より安いではないか。きゃんきゃんと鳴く犬の絵がかわいらしく、ぽってりとしたイノシシは見ているだけでいい気分に。

帰りの新幹線の時間が迫っていたので大濠公園は通り抜けるだけになってしまった。池を見ながらのんびりしたかった。スタバもあったし。

博多駅に到着後、もう時間ギリギリなのに売店でメンチカツとおにぎりを買い、なんとか東京に戻る新幹線に乗り込む。

帰りは車両の一番後ろの席だったので、リクライニングシートを最大限に倒してしばし眠る。途中、メンチカツとおにぎりを食べ、また眠る。ちょっと読書。東京に着いたのは夜の10時。肩はガッチガチになっていたけれど……5時間くらいならなんとかなるなと思った。

熱々の梅ケ枝餅。

旅先で名物を
食べるのもアリ
名物ではないものを
食べるのもアリ
旅先カレー
よく食べるな
旅先の空気を吸うので
すでに旅の味なのです
自由に

都会の森を訪れて

東京・新宿

2019

小春日和。

地下鉄に乗って新宿三丁目まで。伊勢丹の地下でサンドイッチを買い、地上に出てちょっと歩けば都会の森が現れる。新宿御苑の紅葉を見に来たのだった。入園料を払って中に入る。平日なので混み合っておらず、しかし、海外からの観光客はそこここに。みな思い思いに写真を撮りながらのんびりと歩いていた。

金色に輝く大きなイチョウの木の前のベンチが空いていた。特等席ではないか。昼食のサンドイッチを食べる。

空の高いところで吹く風がイチョウの葉をワッサワッサと落としてくれる。

「金色の雨だね！」

小さな男の子を連れた母親が、弾んだ声で言ったのが聞こえた。

金色の雨は次から次から次から落ちてきて、気がつくとわたしのトートバッグの中にも。

サンドイッチを食べ終え再び歩き出す。池にかかる橋の上から鯉をながめる。手をたたいてみたら、遠くの方から鯉がどんどん寄ってきた。ごめん。なんも持ってないのに集合させて。鯉を見るとつい集めてしまうのだった。

茶屋があったので食後のホットコーヒー。

女の子を肩車したお父さんがいた。女の子は両手で大きなボールを持っており、ボールの下のお父さんがナニをしているのか見えていない。お父さんは、茶屋で買った抹茶ソフトクリームを食べながら歩いていた。お父さんだって、というか誰だって、どこかでまだ子供のままなのである。

温室の植物園に初めて入ってみた。

ここの池に鯉はいないが、オオオニバスの葉が浮かんでいた。子供の頃、あの葉っぱの上に乗ってみたいと思っていた。実は今でもちょっと乗ってみたい。右手、左手、右足、左足。それぞれに一枚オオオニバス。アメンボみたいに水の上を歩くのだ。わたしのことだ。最終的には池に落ちるに違いなかった。

バナナの木があった。バニラの木も。食べ物の木を見つけるとちょっと嬉しい。カカオの実は枝ではなく木の幹に直接なっていた。

食虫植物もあった。怖いけどいつも中をのぞいてみたくなる。のぞいてみた。なにもいなかったのでホッとしたものの、内心、少しつまらないのである。

広々とした植物園を出て、再び外の散歩道へ。秋に咲く桜は、もう見頃を過ぎていた。ちりちりになってしぼんでいたが、

「あ、桜」

みな立ち止まってカメラを向けていた。

桜は思い出の花である。思い出がないという人はたぶんいない。うんと昔、付き合っていた人と夜の桜の下で別れたことがあった。そのままならちょっとしたステキな思い出になったのに、半年ほどでよりを戻し、次に別れたのはどーでもいいような場所だった。桜の下が別れ時だったのだ。

新宿御苑の紅葉のあとは、お決まりの「追分《おいわけ》だんご本舗」へ。

「ニホンデ　イチバン　オイシイモノハ　ナンデスカ?」

と海外の旅行者に聞かれたら、

「ソレハ　ミタラシダンゴ　デス」

と答えてもいいよなぁ、と思いながらみたらしだんごを食べ終えた秋の日だった。

イチョウが舞う中で
もぐ
え、ナニコレ
絵画の中みたい
もぐ
新宿御苑の
秋ランチ
えーなー
ささやかな幸せも
味わったのでありました

土産は「買えるときに買う」のが鉄則

ポーランド

2019

ポンチキ、ピエロギ、ゴロンカ。
三匹のたぬきが深い森の中で暮らしておりました。
こんな出だしの絵本がありそうだけど、ポンチキもピエロギもゴロンカも実はポーランドの名物。ポンチキはジャム入りドーナツ。ピエロギはぎょうざ。ゴロンカは豚のローストなのだった。
２０１９年、夏。50歳になった記念の６泊８日のポーランドツアー。成田から首都ワルシャワ・ショパン空港まで直行便で約11時間。さらに小さな飛行機を乗り継いで古都クラクフに降り立った。

クラクフは今も中世のクラシックな景観が残る人気の観光地で、日本でいうなら京都というところか。首都がワルシャワに移るまで都として繁栄していたという点も似ている。

ワルシャワの街は第二次世界大戦でドイツによって徹底的に破壊されたが、クラクフは爆撃を免れた。街中には時代ごとのさまざまな様式の建物が今も残っており、広場を中心とした旧市街地はユネスコの世界遺産に登録されている。

早くその旧市街地に行ってみたい！

しかしながら着いた宿泊先のホテルの周辺にはビル、あるいは建設中のビルしかなく、旧市街地まではちと遠い。

午後7時でも外はまだまだ明るかった。長旅でからだは重いが、このまま部屋で休むのがもったいなくて、取りあえずホテル近くのスーパーへ行ってみることに。

コンビニサイズのスーパーには、ひととおりのものが揃っていた。チョコレートと粉末スープの棚がやけに場所を取っている。絶対的必需品ということか。

スープといえば、この旅で何度も飲むことになる「ジューレック」というポーランドのスープがある。見た目はクリームシチューだが、発酵させたライ麦を使っているから少し酸っぱい。レストランによって酸味の度合いが違うものの、具はだいたい同じ。じゃがいも、ソーセージ、ゆで卵。どの店のもそれぞれおいしかった。

スーパーのカゴを手に狭い店内を行ったり来たり。旅土産は「買えるときに買う」のが鉄則。特にスーパーの商品はどこも似た品揃えなのだし、パパッと買っておくに限る。板チョコ、スナック菓子、キャラメル、蜂蜜、インスタントヌードル。ジューレックのスープの素も買い物カゴにバサバサ入れ、合計一万円分くらいをオトナ買い。感覚としては日本の3分の2くらいの値段だろうか。現地ガイドさんによると、食料品は安いが、ガソリン代は日本よりも高いのだそう。

スーパーを出ると美しい夕焼けが。

異国のお金を使った楽しさが胸いっぱいに満ちていた。

夜が明けていよいよクラクフ観光。日本からのツアーは20人ほど。8割が女性である。観光バスに乗り、旧市街地近くまで。そこからはイヤホンガイドを装着しぞろぞろと徒歩である。

ポーランドの夏も暑かった。暑いが日本よりカラリとしている。

一行はヴィスワ川沿いを散策しつつ「ヴァヴェル城」へ。シンデレラ城みたいな縦長タイプではなく、見た目はレンガ作りの博物館風。ゆるい階段をのぼった先に城門があり、入ると高台から街が見渡せた。

王宮はロの字になっており中庭があった。中庭はホッとする。守られ感がある。現地のポーランド人ガイドさんがその中庭から、「あそこが王様の部屋でした、あっちが王妃の部屋でした」と指差しでガイドをしてくれた。

城をあとにして、旧市街地へ。

一部残っている城塞「バルバカン」をくぐると商店がいっぱい！　通りがいくつもあり、レストランや土産物屋がぎゅうぎゅうに並んでいる。

ポンチキ屋も発見。ポンチキは真ん中にジャムが入っているドーナツなので穴があいていない。自由時間に食べてみたが、外側はシャリシャリの砂糖コーティング、生地はふっわふわ。定番だという薔薇ジャム入りポンチキは激甘だったが、たまにはこういうものをガツンと食べるのもよかった。

街のあちこちにベーグルスタンドがあった。ベーグルはポーランドが発祥なのだそうだ。現地ガイドさんいわく、

「ニューヨークベーグルのように半分に切ってサンドイッチにするのではなく、パンのように食べるのが一般的です」

レストランのランチに出たのを食べたが、硬くてパサッとしていた。スープにつけて食べるのにぴったりである。

通りの先に中央広場があった。めちゃくちゃ広い。中世から残っている広場としてはヨーロッパ最大とのこと。

中央広場のさらにど真ん中には「織物会館」がある。その昔、織物の取引所だった建物で、なんと長さ100メートル。建物の一階は通り抜けができ、左右はぎっちり土産物屋である。木工工芸、琥珀《こはく》のアクセサリー、民族衣装にムートンの靴。世界各国からやってきた観光客でにぎわっていた。

織物会館は見るだけにし、ガイドブックに載っていた「クラクスカ」という土産屋へ。

店は中央広場から路地に入ったところにあった。価格も良心的で、たいていのポーランド土産が揃っている。民芸調のペーパーナプキンやメガネケース、エコバッグなどここでもバサバサとカゴに。バサバサ入れたところでペーパーナプキンなどは200円ちょっと。かわいくて土産に重宝し、もっと買っておけばよかったなぁと帰国後に悔やんだくらい。

ポーランドはチョコレートも有名らしく、ガイドさんおすすめ「ヴェデル」という店で、旅の間に食べるチョコを3粒買ってみた。何ベリー（クランベリーかラズベリー?）かは不明だったが、赤くて酸味があるのがすごくおいしかった。

ポーランドってなにがあるんだっけ?

旅行すると言ったらみなに聞かれた。ポーランドにはアウシュビッツがある。

ツアーにはアウシュビッツ・ビルケナウ博物館も組み込まれていた。観光バスで着いた先には、観光バスがたくさん停車していた。いろんな国の人々がかってのナチス・ドイツの強制収容所アウシュビッツを訪れていた。大人も学生も。教師に引率されてきた子供たちも大勢いた。博物館にはすでに全世界から３０００万人以上の人々が訪問しているのだそう。入館は無料だ。無料ということに大きな意味が込められているのだ。

受付を通ると門がある。写真や映画で一度は目にしたことがある有名な門だ。門には「働けば自由になる」というドイツ語が掲げられている。この門をくぐり再び外に出られた人はわずかである。

博物館専属のポーランド人の日本語ガイドさんが中を案内してくれた。

施設の中は整然としている。遺留品がガラス越しに山のように積まれて展示されていた。山は種類別になっていた。靴の山。ブラシの山。女性たちの髪の毛の山。すべてが命を奪われた人々の存在の証である。義足や松葉杖の山もあった。食器の山の中には花や果物のイラストが描かれているコップが見えた。普通の毎日、幸せだった日々の断片。なにも知らずに家財道具を持ってきたのだ。

アウシュビッツ強制収容所からバスですぐのところにアウシュビッツ・ビルケナウ強制収容所がある。アウシュビッツ強制収容所は現在も建物が残っているので名前的には知られているが、ビルケナウ収容所跡のほうが広い。一部、馬小屋のような木造バラックが残っていた。馬用ではなく収容された人間のための寝床であった。こんなところで人間が寝起きしてよいはずがなかった。

アウシュビッツを訪れて、わたしの心に広がっていたのは「伝わっていた」という気持ちだった。遠い日本にいてもわたしたちは知っている。たくさんの書物や映画の中で伝えられてきたからである。帰りの観光バスの中はみな静かだった。

旅のプランはクラクフ3泊、ワルシャワ3泊。

移動が少ないので、スーツケースの荷物詰めも2回だけ。海外ツアーによっては毎日ホテルが変わることがあるが、この旅は朝夕の身支度がずいぶん楽だった。

ポーランドの通貨はzłoty。ガイドブックではズウォティと書いてあるが、ガイドさんはズロチと言っていた。表記は「zł」。10złが300円ほど。レストランや土産物屋はカードが使え、むしろそのほうが一般的だった。成田空港で両替したとき、一番大きなお札が100zł札だった。日本円で3000円ほどである。しかし、現地で30zł分の買い物をするのに100zł札を出すと、ものすごーく困った顔をされる。カード払いが一般的で、どの店も札や小銭のストックが少ないらしい。80zł買い物したときに100zł札を出すなら「OK」な感じだった。ちなみに、有料トイレ1zł（30円）、袋入りの即席麺2.3zł（70円）、板チョコ5zł（150円）、ホテルのレストランのビールが20zł（600円）ほど。

ポーランドは1989年に民主化された国である。教育は無料で、大学進学率はだいたい50パーセント。そのうちの25パーセントは国立大学（無料）に進学するのだと現地ガイドさんが言っていた。

ヴィエリチカという街の世界遺産ヴィエリチカ岩塩坑にも行った。クラクフから観光バスで小一時間ほど。かつての塩の採掘場で、全長は300キロメートル以上。見学コースはそのほんの一部だが、それでも約3キロもある。入り口には入場チケットを買うための行列ができていた。

団体客専用の入り口からするする入り、エレベーターを使って地下深くもぐっていく。岩塩坑の中は夏でもひんやり。長袖に薄手のウィンドブレーカーを羽織ってちょうどいいくらいの温度である。

見学は必ず岩塩坑の専門ガイドとまわることになっている。迷子になったらそれこそ大変！　生きては帰れないかもしれない。

働いていた当時の人たちの様子を再現したコーナーや、塩の彫刻なんかもそこここにある。

案じていたのはトイレだった。

地下深くに水洗トイレとかあるの？

ちゃんとあった。途中途中にきれいなトイレがあり、さらには食事ができるカフェまで。土産物屋には料理用の塩やバスソルトなどが並んでいた。

岩塩坑の中は空気がとてもきれいで、アレルギーや喘息《ぜんそく》の子供たちにも効果があるのだそう。岩塩坑の中で一日ゆっくり遊ばせる自然治療も行われているらしい。わたしの花粉症も治んないかな～と大きく深呼吸しながら歩いた。

かつてここで働いていた人々のための地下礼拝堂もあった。中でも聖キンガ礼拝堂は舞踏会が開けそうなくらい広かった。祭壇や床も岩塩でできていて、つるされたシャンデリアまでが岩塩。塩っていろいろ加工できる素材なんだと感心し、記念に岩塩のブレスレット（500円くらい）を自分土産にする。身につけていれば非常食になるかもしれない。

✳ souvenir ✳

ポーランド土産

ポーランドのカラフルなペーパーナプキン

クラクフに3泊したのち、特急列車に乗って首都ワルシャワへ。バスだと6時間かかるところ、電車なら半分で行くことができるそうな。ツアー旅行はたいていバス移動が中心なので、こうやって電車に乗れるのは楽しく、おまけに利用するのは一等車両。新幹線でいうところのグリーン車である。

乗車後、すぐに飲み物が配られた。ペットボトルの水と缶入りのエナジードリンクっぽいもの。エナジードリンクはたまたま試供品かもしれないと添乗員さんが言っていた。通常はさらに飲み物をふたつチョイスできるので、わたしはリンゴジュースと、ペットボトルのガス入りの水をもらった。

小さなテーブルに４つの飲み物。

こんなにいるか？

ツアーの人たちと笑い合う。ツアーは夫婦と女友達ペアが数組、年配のご両親と娘さん一家や、ひとり参加も何人か。

しばらくするとワゴンで軽食が運ばれてきた。一等車は食事つきである。しかも、ちゃんと磁器の食器で提供される。メニューは3つの中から選べた。2択でいいんじゃないかとも思うが3択である。わたしは野菜サラダセットに。押し麦入りの葉っぱのサラダだった。チキンサラダを食べている人もいた。

食堂車もあるというので見学に行く。

その昔、高校の修学旅行で新幹線に乗ったとき、クラスメイトたちとグリーン車を見学しに行ったことがあった。芸能人に会えるかもしれないという淡い期待は、速攻で砕け散った。グリーン車両の前で先生が仁王立ちになっていたのである。

「席もどれ！」

一括されて退散した。

ポーランドの特急列車の食堂は、小さな売店のまわりに簡易な椅子がちょっとあるくらいだった。同じツアーの夫婦が一足先に見に来ていて、「オリエント特急の食堂車みたいなのじゃなかった」と言ったので思わず笑う。わたしも、「オリエント急行の食堂車みたいなのかな〜」と期待して向かっていたからである。

車内で食べた野菜サラダ。

ポーランドの公用語はポーランド語である。

「ジェン クイエ」は、ありがとう。

「ジェン ドブレ」は、おはよう、こんにちは、こんばんはの3つの意味。最初のうちは覚えられず、

「ジェン クイエ！」

と言いながら土産物屋に入っていた。いきなり「ありがとう」とやってくる日本人ってどう思われていたのだろうか……。

失敗といえば、CHOPINである。とある銅像の前に刻まれていたアルファベットであるが、「チョピンさんか」と思って見ていた。

むろん、違う。

CHOPINはショパンと読む。

ワルシャワ生まれのショパンは、20歳でパリに渡ったのち39歳で亡くなるまで故郷に戻ることがなかった。ポーランドが戦争に巻き込まれていったからである。

ショパンがパリで「柳」を恋しがる手紙を書いていたという話を現地ガイドさんがしてくれた。パリにはポーランドと同じ柳がなかったのだそう。ポーランドの柳は日本のほっそりとした柳とも違い、もっともりもりしている。オリーブの木にちょっと似ているだろうか。幼い頃のショパンは、揺れる柳の下を家族や友人らと歩いたのかもしれない。あるいは、ひとり柳を見上げて未来を夢見ていたのかもしれない。ショパンは柳であったが、日本に生まれ育った人なら、やはり桜を恋しがるのだろうか。

ツアーにはショパンゆかりの場所の観光があれこれと組まれていた。ショパンの生家、ショパンが洗礼を受けた教会、ショパンの像があるワジェンキ公園。

さらにはショパンのミニコンサートまでついていた。ショパンをチョピンと読むくらいショパンに疎いわたしであるが、自由時間にワルシャワのショパン博物館に行ってみた。ショパン自身が描いたイラストが展示されていると聞いたからである。

ショパンによるいくつかの素描が展示されていた。風景画もあった。描かれているのはポーランドの柳の木のように見えた。

ワルシャワの聖十字架教会にショパンの心臓が安置されているという。ショパンは自分が死んだあと心臓だけでもポーランドに戻してほしいと姉に頼み、その願いは叶えられたのである。

ツアーではその教会にも行くことになっていた。

どんなふうに安置されているんだろう。まさかアルコール漬けの心臓がそのまま置いてあるとか……。

ドキドキしていたのだが、心臓は教会の柱の中に安置されており外からは見えなかった。

「あなたの宝物の場所に心もあります」

柱のプレートに刻まれている言葉をガイドさんが読み上げてくれた。

ワルシャワの王宮広場はたいそうにぎやかである。大道芸もいる。カラフルな風船を売っている人も。
大勢の観光客がぶらぶらと散策する中を結構なスピードですり抜けていくのが電動のキックボードである。
クラクフでもワルシャワでも「自転車より多いんじゃないか？」と感じるほどキックボードに乗っている人々がいた。アプリをダウンロードして登録すれば、街のあちこちに乗り捨てられているキックボードに乗ることが可能（有料）で、観光客も気軽に使っていた。

王宮広場に面している旧王宮は現在は博物館として公開されている。戦時中、国外に持ち出され保管されていた調度品もあるが、建物はすべて復元。ちなみに修復が完全に終わったのは2009年。ごく最近のことだ。

自由時間にピエロギを食べにいく。ポーランドの餃子である。焼きもあるが主に水餃子である。観光客や地元っ子たちにも人気のレストランのメニューを見て感心する。ピエロギの種類がめちゃくちゃたくさんあるのだった。

日本で食べる餃子と違うのは具のシンプルさである。じゃがいものピエロギは、具は本当にそれだけ。肉はない。餃子の皮の中にハッシュドポテトが入っているような。ホウレンソウ&チーズのピエロギ、きのこのピエロギ、カボチャのピエロギ、ビーツのピエロギ。どれも単品に近い味で、サワークリームなどをかけて食べる。

王宮広場から路地を歩いて行くと旧市街広場に出る。広場をぐるりと囲んでクラシカルな建物が建っているが、これもまた戦後、忠実に復元されたものである。

広場にはカフェのテントが並び、観光客でにぎわっていた。自由時間、ソフトクリームを食べようと屋台に並んでいたら突然の大雨。急いで軒下へと走る。

雨は強く降った。パタリと人が消えた広場。15分ほどで空が明るくなり、ちりぢりになって屋根の下へ避難していた観光客が再び広場に戻ってきた。

「ひびの一本にいたるまで」と言われるほどポーランドの人々によって正確に復元された旧市街地。濡れた石畳がきらきらと光って美しかった。

虹が出るのではないか？

虹は太陽の反対側に出る。急いで見晴らしのよい場所へ。ワルシャワの街の低いところに虹が見えた。

ポーランドの餃子「ピエロギ」もおいしかったが、お米入りのロールキャベ

ツもジューシーでおいしかった。雑穀がよく料理に使われており、ロールキャベツにも入っていた。

豚のロースト「ゴロンカ」は角煮に似た甘辛味。ポーランドのカツレツは薄く伸ばして、細かいパン粉で揚げていた。付け合わせはジャガイモが多い。

「ポーランドはパンがおいしいことでも有名なんですよ」

ガイドさんが言っていた。

旅先の食べ物は楽しい。

ここで生まれ育っていたらいつもこれを食べているんだなぁと思いながら食べている。

これを食べ、この道を歩き、ここの言葉を話し、ここの言葉を読み、ここの言葉でなにかを思う。違う人生であるはずなのに、でもどうしてなんだろう、中身はわたしのまま変わらないように感じるのだった。

Poland
ポーランド

ポーランドのわっかのベーグル

首都ワルシャワ。旧市街のカラフルな街並。第二次世界大戦で壊滅的な被害を受け、のち復元された。

パンの器に入っていることも
ジューレック
発酵ライ麦のスープ

古都クラクフの中央広場に建つかつての織物会館。中はお土産屋さんがずらり。

ピエロギの
専門店も

中の具材はいろいろで、挽肉やチーズの他にブルーベリーが入ったおやつタイプも。

ポーランド風餃子「ピエロギ」。

クラクフにある世界遺産ヴィエリチカ岩塩坑。エレベーターで地下深くへ。必ずガイドと一緒に。

ポンチキ
あまっ
バラのジャムが入ったドーナツ

アウシュビッツ・ビルケナウ博物館。世界中から大勢の人が訪れていた。

アメンボになってみた
長野・軽井沢 2022

初夏の軽井沢へ。東京から新幹線で約1時間。旅気分にひたる間もない近場であるが、軽井沢駅に降り立つと、

「わっ、涼しい」

やっぱり避暑地。いっきに旅気分である。

まずはランチ。軽井沢旅行を決めてからの1ヶ月間。ガイドブックやいろんな人のユーチューブを毎日のように眺め、ナニを食べようかなぁと幸せな思案に暮れていた。

結果、軽井沢旅一食目は「門前洋食 藤屋」の洋食である。軽井沢・プリンスショッピングプラザ内にある人気店だが平日なので昼時でもすんなり入れた。

ここで食べるのは「ごちそうセレクション&エビフライ」。いわゆるオトナのお子様ランチである。

ほどなくして料理がやってきた。ハンバーグ、クリームコロッケ、チキンカレー、ポテトサラダ、ゆでたまご。大皿に楽しげに盛り付けられている。主役のエビフライはリレーのバトンくらい立派。特製のタルタルソースが添えられているのだけれど、たまごたっぷりで、もはや「タルタルソース」という一品。まわりを見回せば大半の人がオトナお子様ランチを注文していたのだった。

食べたかったもの一つクリア。

つづいて軽井沢・プリンスショッピングプラザ（アウトレット）でお買い物。

使いやすそうなショルダーバッグを見つけ、

大きさ的にいいかもな？

手に取った瞬間、店員さんによる巧みなおすすめトークが始まった。

「朝からもう3個売れて、そちらが最後のひとつです。昨日までは半額だったんですけど今日から70パーセントオフなんです」

え、70パーセントオフ？　え、今日から？

気が急《せ》いて購入する。しかし、あとで調べてみればこのバッグ、大流行後に淘汰され「今、街で持つのはイケてない」らしい。やらかしてしまった。

コロナ禍の久しぶりの店頭ショッピング。これといって目当てのものはなかったが見てまわるだけでも楽しく、L.L.ビーンでトートバッグを購入後、食べたかったもの第二弾、ミカドコーヒーのモカソフト。コーヒー味のソフトクリームをベンチで食べる。初日はホテルのレストランで夕飯を取り、早目に就寝した。

軽井沢観光は5つのエリアに分かれている。アウトレットがある軽井沢駅エリア。他に南軽井沢エリア、北軽井沢エリア、メインストリートと言われる旧軽井沢エリア。川沿いにレストランや土産物屋が集まるハルニレテラスがあるのは中軽井沢エリア。2日目はそのハルニレテラス内の「ベーカリー&レストラン沢村」で朝ごはんである。

6月初旬の軽井沢の朝夕はまだ寒いくらい。上着を羽織り出かけて行った。沢村店内のショーケースには焼きたてパンが並んでいた。ゆっくり選びたいが同じように朝食を取りに来ている観光客がいるので、てきぱき決めてテラス席へ。

アボカドとツナのサンドイッチはアボカドがとろけるようにやわらかかった。パニーニ・マルゲリータは注文後に焼いてくれるので、チーズが熱々。

そしてミルクスティック。一般的にミルクフランスと呼ばれているパンであるが、沢村のミルククリームは練乳っぽいコクがあり、砂糖のじゃりじゃり感がほどよいアクセントになっている。

「今まで食べたミルクフランスで一番好きかも!」

うっとりしつつ食べる。

新緑と、川のせせらぎと、おいしいパン。抱えていた面倒な案件がひとまわりもふたまわりも小さくなったように感じる。気分転換には旅がなにより。沢村は旧軽井沢エリアにもあり、翌日はそちらでランチタイムにラザニアを食べたのだが、

「今まで食べたラザニアで一番好きかも！」

と思ったわたしであった。


南軽井沢エリアにある軽井沢タリアセンに行ってみた。

「タリアセンまでお願いします」

タクシーで行き先を告げるも、実は全貌がわかっていない。タリアセンとはなんぞや？

ガイドブックには「塩沢湖に広がる複合リゾート」とあり入館料が必要。湖のまわりには美術館もあるようだ。

なぜそこに行きたかったのかといえば、ウォーターボールに入ってみたかったからである。

ウォーターボール。透明の大きなビーチボールの中に入り水上を歩くやつ、である。

人には人生で一度はやってみたいものがあるのではないか。わたしはそれがウォーターボールであった（理由→楽しそう）。

行ってみて判明したがウォーターボールは休止中だった。しかし、わたしはあるモノに釘付けになった。

アメンボボートである。

自転車にボートみたいなのがくっついており、ペダルを漕げば水上をスイスイ進むことができるようだ。

「むしろこっちのほうが楽しそう？」

というわけで早速レンタル。

そして、わたしは、アメンボになった。ハンドルを右へ左へ。湖上を自由に移動できる。ボートとはまた違う浮遊感である。

鴨たちがうしろを泳いでついてきた。わたしはアメンボであり、鴨たちのお母さんでもあった。あらかじめ100円でエサを買っておいたので、途中で鴨にエサをやりつつ湖上散歩。「アメンボって楽しそうやなぁ」と思っていた子供時代の自分に教えてやりたい。大人になったらなれるからね！

アメンボを満喫した後は、タリアセン内にあるペイネ美術館へ。この絵、知ってるんだよな〜という懐かしさ。山高帽をかぶった男の子とおしゃれな女の子。フランスの画家レイモン・ペイネによるイラストやリトグラフが展示されており、キリンレモンのグラスの景品にもなっていたので子供時代に見ていたのかもしれない。そしてここは美術館の建物自体も見所。建築家のアントニン・レーモンドが別荘兼アトリエとして建てた夏の家が現在はペイネ美術館として利用されているのだ。大きな吹き抜けがあり、お客様がきたら二階からひょこっとご挨拶できるような楽しげな造りになっている。

軽井沢タリアセン。短くいうなら小さな湖のまわりを散歩する公園。カフェもあるし、アスレチックエリアではゴーカートもできるので子供も楽しめそうだった。

夜は「川上庵」でお蕎麦。石臼挽《いしうすび》きの蕎麦が有名らしい。麺は太くてコシがあり、噛むと口の中がわしわしする。野趣あふれる蕎麦だ。天ぷらや茄子の揚げ出しなど一品料理も凝っていて、特に鞍《くら》かけ豆のおひたしはあっさりとおいしく、豆を上手に料理できるようになりたいものだなぁと思いつつ、ま、やんないだろうなぁと食べ終えた。

3泊の軽井沢旅行。地元のスーパーに行ったり、旧軽井沢でお皿の絵付けをしたり。電動自転車をレンタルして雲場池や万平ホテルまでサイクリングも。

万平ホテルのカフェで飲むのは、もちろんジョン・レノンがお気に入りだったというロイヤルミルクティ。

旅のフィナーレは軽井沢駅の「おぎのや」。立ち食い蕎麦発祥の店と言われており、以前食べておいしかったからこの旅でも。

券売機で「かけそば」のボタンを押す。券を渡し、目の前で自分のお蕎麦が茹《ゆ》であがるのを見守りつつ待機。

出てきた。七味をぱっぱっ。細くてやわらかい麺。熱々のつゆをすすりつつ3分ほどで平らげた。

さて、帰るとしますか。改札に新幹線の切符を入れ、梅雨入り前の軽井沢に別れを告げた。

タリアセンで水上自転車に
チャレンジ
すごい!!
漕ぐとちゃんと
前進する!!
ってコトはアレも
いつかできる?
水上を走る（憧れ）

深夜のディズニーシー

千葉

2022

ホテルミラコスタに宿泊し、来場者がいなくなった深夜の東京ディズニーシーを眺めてみたい。

と前々から思っていたことを思い出し、夕方、カフェのテラス席でアイスコーヒーを飲みつつ、よし、今、予約してみようとディズニー公式サイトにひとっ飛び。

ホテルミラコスタというのはディズニーシー内にあるホテルで、調べたところ客室の位置が3つに分けられていた。

ポルト・パラディーゾ・サイド

ヴェネツィア・サイド
トスカーナ・サイド

説明図を観るかぎり園内の山（プロメテウス火山）や港（メディテレーニアンハーバー）ががっつり見られるのはポルト・パラディーゾ・サイドのハーバービューの部屋のようだ。わたしはここの景色を部屋から見たかったので早速空き室検索。一ヶ月後の空室を発見。指示に従い予約に進んでいくとあれこれアトラクションが選べる項目に出た。ディズニーの仕組みがまったくわからないわたしは、むろん迷うことなく選択していった。

後で知ったが、わたしは「東京ディズニーリゾート・バケーションパッケージ」というプランに申し込んだようで、お会計ボタンに進んだとき金額を見てギョッとしたが、このページにくるまでにすでに20分くらいかかっていたのでエイヤッと決済。よくよくＨＰを見ればディズニーランドの公式ホテルを予約すれば入園券は確実に買えるので、わたしの場合、単に「ホテルの部屋のみ」

のところをクリックすればよかったのだった。

出発4～5日前にチケットや資料一式が宅配便で自宅に届いた。

バケーションパッケージについてくわしく説明すると、並ばないで乗れるアトラクションチケットが3つついてくる。それからふたつのショーの鑑賞チケットとフリードリンク券、オリジナルグッズ引換券。あとポップコーンももらえる。

「え？　アトラクションチケット3つ？」

この原稿を書いている今、自分で3つ選んだアトラクションの中の「マジックランプシアター」のチケットを使い忘れていたことに気づいた。無念である……。

予約時にわたしが選んだアトラクションは、この「マジックランプシアター」の他に「インディ・ジョーンズ」と「ソアリン：ファンタスティック・フライト」。

あまり激しくなさそうなのをチョイスしたのだが「ソアリン：ファンタスティック・フライト」についての知識はまったくなく、「ファンタスティックって名前からして怖くはなさそうやな」と選んだだけ。しかし、ふたを開けてみれば人気のアトラクションで、土日ともなれば2時間、3時間並ぶこともあるらしかった。

さて7月初旬、ディズニーシー当日。

入園したのが午後2時過ぎ（この時点でチケットを持っていた12時のショーを見逃している）。

まずはフリードリンクの手続きである。今回のプランでは園内のドリンクが無料で飲めるのだとか。首から下げるチケットホルダーを受け取り、そこにフリードリンクチケットを入れてもらった。これを指定された飲食店で提示するとドリンク飲み放題なのだそう。試しに目についた近くのカフェに入りコーヒータピオカラテを注文したらタダだった。

２０２２年に20周年を迎えたディズニーシー。記念グッズのお土産が並んでいた。そういえばディズニーシーが開業する前にたまたまプレチケットのようなものをもらい、

「ディズニーシーってなんだろな～」

軽い気持ちで行ったのだ。園内は招待客だけだからがらがらで、すべてのアトラクションの待ち時間はほぼゼロ。それがどんなに恵まれた状況なのかを当時のわたしは理解しておらず、２つ３つ何かに乗ったような気がするが、カフェでお茶したり、ぶらぶら散歩したりして過ごした。とはいえ、とんでもなく楽しいところだ！　と思い、特に「海底2万マイル」があるエリアは子供の頃に憧れていた「未来」の景色そのもの。よくこれだけのものをデザインし、形にしたものだと大いに感心し、その後、何度か遊びに行ったものの、最後に訪れてから今回15年ぶりくらいになるだろうか。

以前あったアトラクション「ストームライダー」が「ニモ＆フレンズ・シーライダー」に変わっていた。「ストームライダー」は飛行機が嵐に巻き込まれるという設定の映像ショーで、空飛ぶ気分が味わえるので結構好きだったやつである。

しかし、今回はそれの上をいく新しいアトラクションが用意されていた。わたしが予備知識なく適当に予約した「ソアリン：ファンタスティック・フライト」である。こちらも映像を観ながら空飛ぶ気分を味わえるフライトシュミレーション型アトラクションなのだが、いや、もう、臨場感がすごい。ハンググライダーに乗って世界旅行するという設定で、アルプスの山、砂漠、万里の長城の上空を自由自在に舞っている感じ。3Dメガネはつけないのに映像には奥行きがあり、嘘だとわかっているのに観客たちは南極のシロクマに手を振ったり、前方から飛んでくる鳥をよけたり。でもって終わった後は大きな拍手。長いコロナ禍、こんなふうにみなで喜びあうのは久しぶりだった。

フリードリンク券で無料の飲み物をゲットしつつ、園内を散策。マップがほしくて探していたが、紙のマップはもう存在しないらしい。

船にも乗ってみた。メディテレーニアンハーバーから乗船し、橋をくぐってアメリカンウォーターフロントを通り「インディ・ジョーンズ」があるロストリバーデルタまで。

船はのんびり進んでいった。途中、岸からこちらに手を振る人々がいて、もちろん振り返す。

本物ではない海、本物ではない岸辺。

外の世界で起こっているさまざまな問題はこの場所とは無縁で、あまりの平和さに泣けてきた。

平日のせいか「インディ・ジョーンズ」の待ち時間は5分と表示されていた。

バケーションパッケージのチケット、使わなくてもよくないか？

と思いつつ入り口のキャストに、

「使う必要ないとは思うんですけど……」

遠慮気味に予約チケットを提示すると、

「ほんの少し早く乗れると思いますんで、ぜひ使ってください！」

明るく励まされ、特別な入り口に案内された。確かに2分くらいは早く乗れた気がする。

夜9時。閉園時間。いよいよ念願のホテルミラコスタへ。

部屋に入る。窓の外にはメディテレーニアンハーバーとプロメテウス火山が見渡せた。遠くには本物の海も見え、わたしが見てみたい景色が揃った部屋だったのでホッとする。

地上を見下ろすと、遊び終えた人々がぞくぞくと出口にむかっていた。スマホのライトを空に向けてまわしている人たちがいた。それに呼応してミラコスタの宿泊者たちがスマホのライトで手を振り返す、というのもお楽しみのひとつのようで、わたしも部屋の電気を消してやってみた。光を振り合って喜び合うひととき。平和な光景にここでもまた目頭が熱くなる。

夕飯はルームサービスでパスタとサラダ。

そして、訪れた静かな深夜。

客が引いた園内。時折、白いバンがゆっくりと通り過ぎ、自転車に乗る警備員らしき人の姿があった。港も橋も建物も火山も全部が作り物なのに、客がいないというだけで不思議と本物のように見え、まるで遠い国に旅をしてきたよう。

しばらくするとマッピングのテストが始まり、建物にいろんな映像が映し出された。色合い的にハロウィン用ぽかった。ずいぶん長い時間やっていた。夜通しだったのかもしれない。

一夜明け、朝は8時過ぎ頃から入園が始まっており、窓外に静かな夜の世界はもうなかった。帰宅の準備をしつつ、入園直後の希望に満ちた人々を窓から見るのはよいものだった。

ディズニーシー。
いつかまた真夜中のプロメテウス火山を見に行きたい。

＊バケーションパッケージは２０２２年当時のものです。

ディズニーシーで
山、
作ったか
人間ってすごいなと
毎度思うのでした
すごー

楽しい朝食バイキング

北海道・函館

2022

函館三泊四日の旅である。

平日なので当日朝、東京駅で新幹線のチケットをさくっと購入。新函館北斗駅まで4時間21分。途中、仙台や盛岡を通ったとき、

「笹かま食べたいなぁ、冷麺食べたいなぁ」

もう次の旅に思いを馳せていた。

終点の新函館北斗駅で在来線に乗り換え函館駅へ。

10月初旬。函館の気温は15度前後だが雨のため体感温度はもっと低い。ホテルに荷物を預け、まずは昼ご飯。

「塩ラーメン、塩ラーメン」

ラーメン屋を目指していたら「うにむらかみ」の前に出た。「うにむらかみ」といえばウニ加工会社直営のうに料理の店で、ミョウバンを使わない無添加のうにがたっぷりのった「生うに丼」が名物。

「うーに、うーに」

脳内の声が塩ラーメンから「うに」に変わり、ちょうど雨足も強くなってきたので「うにむらかみ」の暖簾《のれん》をくぐった。

注文するのは、むろん、生うに丼。以前も来たことがあるのだけれど、記憶どおりにおいしい。そして今回初めて食べたうにの天ぷらにもシビれてしまった……。熱々・とろとろ・クリーミィ！

あー、函館、最高やんかと食べ終えて店を出れば外は横殴りの雨。傘が裏返っている人たちもいた。

こんな日に打ってつけの函館観光名所といえば海沿いの金森赤レンガ倉庫で

ある。倉庫として利用されていた建物をリノベして土産物屋や飲食店が軒を連ねている。なにを買いたいわけではないが、毎度、一通り見ずにはいられない場所である。ぶらっとまわり函館洋菓子スナッフルスの「紅茶の生チョコ」を一箱購入。濃厚なのに口溶けがよく、ほのかな紅茶の香りが心地よかった。

つづいて函館のご当地バーガーショップ「ラッキーピエロ」。ハンバーガーだけでなくカレーライス、オムライス、焼きそば、アルコール類まで揃うファミレス的ファストフード店である。赤レンガ倉庫のすぐそばのマリーナ末広店で午後の一休み。「ラキポテ」とカフェオレを注文する。

「ラキポテ」。

フライドポテトの上にホワイトソースとミートソースと熱々チーズをかけた食べ物である。

カロリーってナンスカ？

という心持ちで食べるべき一品で、皿ではなくマグカップにフライドポテトが立てて入っている感じも楽しいのだった。

ホテルに戻って一休みした後、夕飯は「函館麺厨房あじさい」の塩ラーメン。翌日の朝に備えハーフサイズを注文した。


函館のホテルでは、今、朝食バイキングがアツいらしい。「ラビスタ函館ベイ」「函館国際ホテル」「センチュリーマリーナ函館」。主にこの3つのホテルで熾烈《しれつ》なバイキング争いが行われているようだ。イクラ食べ放題、朝からシャンパン飲み放題などなんだかすごそうなので、今回はそのうちのひとつセンチュリーマリーナ函館を予約。

さて、前夜の塩ラーメンをハーフサイズにして挑んだ朝食バイキングである。

初日は海鮮中心。イクラ、マグロ、イカ刺し。たっぷりのせてオリジナル海鮮丼。他にもおいしそうな料理が並んでいるのに残念ながらこれでおなかがいっぱい。翌朝は温かい料理を中心に、焼きうにおにぎりの出汁茶漬けやミートスパゲテイ、キッシュや串揚げ。

最終日はハッシュドビーフやマーボー豆腐、生クリームたっぷりパンケーキなどで締めくくり。

当初は、函館に三泊するんなら一泊ずつ別のホテルにして朝食の食べ比べをしたらよかったかなぁと後悔していたのである。しかし同じホテルに連泊したことによって「食べたいもの一通り食べられた！」と満足できたのだった。いつか他のふたつのホテルにも泊まってみよう、むろん連泊で。


函館旅行。

旅の二日目はホテルから歩いて元町へ。途中、「アンジェリック ヴォヤージュ」という洋菓子店に立ち寄り、生トリュフをテイクアウト。

坂の上の元町界隈《かいわい》は趣ある洋館や教会が建ち並び、路地に入っていくノラ猫の写真など撮りながら散歩する。坂を降りベイエリアに戻る途中、箱館山の山頂展望台へ行くロープウェイ乗り場に出たが、定期点検中のため運休だった。毎年、9月の下旬から11月中旬頃までロープウェイは運休するらしく、その間、展望台まではバスやタクシーを利用するのだそう。何度か山頂まで夜景を見に行ったことがあるので今回はそのまま歩いて海を見に行くことに。

箱館山を背に路面電車の宝来町駅を右へ。てくてく進むと前方に海の気配。見えてきたのは津軽海峡。海が見渡せるカフェがあったのでちょっと一息。

メニューに珍しいものを発見した。エルダーフラワーシロップのソーダ割である。ずーっと昔、東京のレストランで飲んだことがあり、なんておいしいんだろうと感激したのを思い出し迷わず注文。

マスカットのような爽やかな香りと甘さ。

そうそう、これこれ！

ちなみにエルダーフラワーはセイヨウニワトコの木の花で、ハリー・ポッターの魔法の杖はこの木でできているのだった。

夜は函館駅前の「しなの」で塩ラーメンを食べる。スープにコクがあり、塩ラーメンといえどもいろいろなタイプがあるのだなぁとおもしろく、初日に食べた「函館麺厨房あじさい」の塩ラーメンも好きだったし、甲乙つけるのはよすことにした。


旅の三日目は五稜郭《ごりょうかく》へ。五稜郭タワーにのぼってみれば社会科見学の小学生たちがわんさといて大賑わい。一番高い展望台は地上から90メートル。

「見て！　人が小さい！」

子供たちの素直な感想が胸に響く。

函館、快晴。

五稜郭タワーからは前日に訪れた海辺のカフェ周辺も見えた。

ふいに淋しさが広がっていく。昨日の旅がすでに過去になっているのが淋しいのである。

わたしの人生は、もう未来より過去のほうが多い。

そのことにびっくりしているのは自分だけである。

タワーを降り五稜郭公園を一回り。その後、軌道からはじきとばされるように通りに出て「六花亭 五稜郭店」へ。

レーズンバターサンドでおなじみ「六花亭」。

ここの喫茶コーナーで食べたいと思っていた「新栗シャンテリー」という秋の栗のデザートはすでに完売だった。変わりに「カンパーナふらの」と「花の首飾り」をコーヒーと共に。

「カンパーナふらの」は生の葡萄を一粒ずつホワイトチョコレートでコーティングしたお菓子。小箱に入って売られていた。葡萄のみずみずしさ&酸味がホワイトチョコと相まって無限に食べられそう。新発売の「花の首飾り」は完熟梅のシロップを染み込ませたサバランのようなお菓子。喫茶コーナーでは生クリームをのっけて出してくれる。パンやスポンジ生地に液体を染み込ませて食べるのが好きな身としては「花の首飾り」は最強だった。おかわりしたい……しかし夜はお寿司なのでぐっとがまん。

というわけで、函館最後の夜は予約していたお寿司屋さんへ。

カウンターでお寿司を楽しめる大人はかっこいいと思う。

店の大将との自然な会話。日本酒を飲みつつ、ちょいとつまみ、からのお寿司。

わたしはそんなことができる大人にはなれなかった。この先なれる気もしないし、なりたいのか？　と自問すれば、なれなくてもいいかな？　とも思う（なんの話や）。食事中、お店の人との「ふれあい」を求めないタイプであることは確かだった。

しかし、今回の旅ではカウンターでお寿司にチャレンジ。コース一択だから出されたものを食べていけばＯＫだし、18時〜20時、20時〜22時30分の二部入れ替え制というシステマチックな感じが気楽でよかった。

時間通りに店に到着。カウンター6席、テーブル2席の店内はこざっぱりと清潔で、白木のカウンターは30年も店をやっているとは思えないほど美しい。

ひとくちサイズのいくら丼とかホタテの焼いたのとかアワビとか、蟹やブリのお寿司、全部おいしかった。

いざお会計というとき、寿司ツウっぽいお客さんが
「かんぴょう巻きちょうだい」

と言うと、大将がささっと作って出していた。あれは別料金なのだろうか？　わたしにも出してくれるのかなとやや期待したが言わないと出てこないようだった。寿司屋のルールがわからない。

帰り道、名残惜しくて「ラッキーピエロ」でホットコーヒー。海が見える席に座り短い旅を振り返る。

赤レンガ倉庫、元町、五稜郭、生うに丼、塩ラーメン、ホテルの朝食バイ

キングに六花亭のお菓子や回らないお寿司……。「アンジェリック ヴォヤージュ」でテイクアウトした生トリュフは薄いチョコの中にほっわほわの生クリームが入っていて、口に入れるとすぐに溶けて消えた。おいしさにもだえつつホテルの部屋でパクパク食べた。サンドウィッチマン的に言えば、溶けてなくなるならたぶんゼロカロリーである。わかっちゃいたが食べ物の多めの函館秋の旅であった。

六花亭五稜郭店に行くと
小売りにされているお菓子を前に
店内の客たちが「わわわーっ」となっているのが
わわわーっ
わわわーっ
わわわーっ
伝わってきます
これ、買お
これも食べたい
わわわーっ
迷う〜っ

タコスと映画とお散歩と

沖縄・那覇

2022

3月初旬、那覇の桜が見られたらいいなと思っていたが一足遅かった。それでも日陰の枝に濃いピンクの桜がわずかに残っていた。

夕暮れ前、やちむん通りに散歩に出た。

ゆるやかな坂道にたくさんの器屋さんが並ぶ趣のある通りである。ノラ猫があちらこちらを悠々と歩き、わたしはといえばそれを大慌てで写真撮影。どんな角度からの猫も「かわいいっ」とつい撮ってしまう。

やちむん通り近くの琉球料理店で早めの夕飯にする。古民家を利用したレストランだ。いくつかセットメニューがあり、わたしが選んだ沖縄そばのセットは、角煮やゴーヤチャンプル、ジーマミー（落花生）豆腐、もずく、じゅーしー（炊き込み御飯）などがお膳に並び目にも楽しかった。出汁がよくきいているから薄味でも食べ飽きない。

実はここで食事をする前、わたしはすでに那覇到着直後の空港内であるものを食べていた。

タコスである。

以前テレビで紹介されていて、絶対食べよう！　と心に決めていたのである。しかしキャリーケースをゴロゴロしつつ店を探すも見当たらない。ずいぶん迷って那覇空港の国際線ターミナルの４階でようやく発見。店名は「パスタコ」。

タコスの皮は、パリパリとしっとりの中間くらい。

「那覇に行く楽しみ増えた〜！」

来てすぐ浮かれるほどのおいしさだった。

今回の旅は国際通りにほど近い手頃なホテルに四泊。遠出はせず、那覇でご飯を食べ、散歩して、映画館で映画を観るというのんびりプラン。気が早いが羽田から那覇へ向かう飛行機（なぜか国際線の飛行機だった！）でも映画を観た。湊かなえさん原作の『母性』。火の手があがる家の中で戸田恵梨香さんが「お母さーん」と絶叫する演技に胸を打たれた。

那覇の旅二日目。

朝、日焼け止めをしっかり塗って街へ繰り出す。朝食を食べるためである。店に着いたのは開店30分前の8時半。一番乗りだ。

わたし、張り切りすぎた？

しばらく誰も後ろにつづかなかったので恥ずかしかったが、開店15分前にはかなり列になっていた。

「C&C BREAKFAST OKINAWA」は、那覇おいしい朝食、と検索すると必ずヒットするお店。

人気のスフレパンケーキを注文する。ふっわふわのスフレパンケーキと酸味のあるクリームを一緒に食べると食欲に拍車がかかり、朝食にぴったりの一品。この店はエッグベネディクトも有名で、お客はたいていスフレパンケーキ系かエッグベネディクトのどちらかを注文している。わたしはこの「エッグベネディクト」という料理名がなかなか覚えられず、いつも「エッグベネ……ナントカ」と呼んでいたのだが、料理を待つ間、エッグベネディクト、エッグベネディクトと唱えていたらようやく頭に入った。マフィンの上にポーチドエッグとベーコンがのっていて、さらにオランデーズソースというレモン味のソースがかかった一品である。

はて、ベネディクトってどーゆー意味だろ?

ウィキペディアを見れば人名のようだが、由来の人物が複数いるらしい。

午後は映画館で映画。予備知識なく公開初日の『エブリシング・エブリウェア・オール・アット・ワンス』のチケットを買った。のちに第95回アカデミー賞作品賞・監督賞など7部門を受賞する映画である。

明かりが消え、本編が始まる。

スクリーンが観客に圧をかけてきた。

「さぁ、どう観るのだ」と。

どういう内容の映画？　と聞かれても説明できる自信がない。館内にあったチラシのコピーがすべてを物語っている。「ようこそ、最先端のカオスへ」。まさにカオス。見終わって映画館を出たあと、なんか、すごいもん観た……と頭の中がぐるぐるしていた。夜は予約していた沖縄料理屋さんへ。おだやかな味に癒された。

ひどい花粉症のせいで春は苦行のシーズン。しばし花粉のことを忘れて春を味わえるのが那覇の旅であった。

日射しが強い日中は映画館で映画。桜坂劇場というミニシアター向けの映画館で観たのはインド映画『ＲＲＲ』。

ときどき無性に観たくなるド派手なインド映画。豪華なセットに豪華な衣装。突然はじまる歌って踊って。歌舞伎でいうところの「見得《みえ》」のようなキメキメのシーンがそこここにちりばめられ、「おおおーっ」と圧倒されるのが好きなのである。『ＲＲＲ』でわたしがもっとも「おおおーっ」となったキメキメシーンは、車の荷台から猛獣たちとともに主人公のひとりが飛び出してくるところ。このシーンのポスターがあったら部屋に飾りたいと思いながら観ていた。

舞台はイギリス植民地時代のインドで、イギリス軍にさらわれた村の少女を救い出すという物語だった。

県庁駅近くの映画館シネマパレットでは『モリコーネ』を観た。イタリアの作曲家エンニオ・モリコーネのドキュメンタリー映画である。なぜこれを観たのかといえば上映時間がちょうどよかったからである。

モリコーネは「ニュー・シネマ・パラダイス」や「ワンス・アポン・ア・タイム・イン・アメリカ」など多くの映画音楽を手掛けた人物で、映画好きなら百も承知の有名人だろうが、わたしはというと那覇でこの映画を観なかったら、一生知らずに終わった可能性が高い。

モリコーネが五線紙に音符を書いているシーンがあった。紙の上に音符を並べるだけで彼の頭の中にはメロディーが流れているのだ。

形もない。触ることもできない。

音楽を作るってどういう感覚なんだろう？　それは頭の中で色をつくるとき

と似ているのだろうか。

たとえば散歩中にきれいな夕焼けを見たとき、

「あの色はどう作ろう?」

と考えることがある。

ホワイトにレモンイエロー、ライトマゼンタをちょい足ししてフレッシュも少々、スカイブルーを1ミリくらい。脳内パレットで夕焼け色を作る。『モリコーネ』を観ながら音楽と色について考えていた。

あっという間に過ぎた3月初旬、那覇の旅。

ピザも食べた。

スパイスカレーも食べた。

那覇旅でピザとカレー?

よいのである。

花粉のない春を謳歌し、暮らすように過ごす旅。その日、食べたいものを食べるのだ。
夕飯のあと、毎夜、国際通りの土産屋を見てまわるのは一種のウォーキング。
いっぱい歩いたし、おやつ、食べていいよね？
ホテルの部屋で沖縄のお菓子を頬張った。

花粉症なので、
スギ花粉がない沖縄は
春旅にぴったり
ハー
映画館で映画
オープンカフェでお茶
東京で味わえない
春を満喫するのでした
空気が
ごちそう

アルプスゆるゆるハイキング

スイス

2023

スイス。

アルプスの山々。

ずーっと憧れていたのはテレビアニメ『アルプスの少女ハイジ』の影響。オープニングで流れる美しいヨーデルの歌声に幼いわたしは世界の広さを感じたものだった。

そして、とうとうスイスへ旅に出ることにした。スイスの山をハイキングをするのが目的であるが、とにかくわたしはスイスの山についてなんも知らなかった。『るるぶ スイス』を熟読するもハイキングコースがたくさんあってどれを選んでよいか判断がつかない。そもそも、どこに宿泊すればよいのやら。というわけで、ここはやはり初心者に心強いツアー旅行である。チューリッヒやベルン市内などの簡易な観光も入りつつ、山のハイキングはすべて自由行動というプランに申し込んだ。

今回の旅でのハイキングチャンスは2回。

一回目はアイガー、メンヒ、ユングフラウを眺めながらの1時間半ほどのハイキングである。

アイガー。

標高3970メートル。

この旅に出るまでまったく知らなかった山である（こらこら）。スイスを代表する山のひとつで、アルプス三大北壁とよばれる難関の登山ルートを有している。むろん、今回わたしはアイガー北壁を見上げるだけである。

さて、宿泊先。アイガー、メンヒ、ユングフラウの三山を望むハイキングをする場合、グリンデルワルトかインターラーケンの街に宿泊するのが基本のようだ。山に行くゴンドラや登山鉄道の乗り場が近いのはグリンデルワルト。山あいの素朴な街だ。インターラーケンはそこから電車で30分ほど離れている。山に行くのに便利なのはグリンデルワルトだが、インターラーケンには韓国ドラマ『愛の不時着』の舞台になった湖があったり、レストランやショップも多くて街もにぎやか。旅で出会ったドイツ人の老夫婦は、ハイキングはせずインターラーケンの街で2週間ほどのんびりするのだと言っていた。いわゆる避暑地である。

インターラーケンから気軽に行ける展望台もある。ハーダークルム展望台だ。ケーブルカーに乗って10分ほどで楽々登れる。ツアーについていたのでわたしも連れて行ってもらったのだが、アイガー、メンヒ、ユングフラウの三山をパノラマで一望でき、展望台には景色が見わたせるカフェもあった。スイス観光のよいところは年齢や体力にあわせてそれぞれが自然を満喫できるところである。

わたしはグリンデルワルトのホテルに宿泊するプランをチョイス。夜に到着したので窓からの景色はなにも見えなかったのだが、翌朝、カーテンを開いて、

「わわわわわー」

となる。

そこには巨大なアイガーがいた。

スイスの山をハイキングするにあたり、普段、一切、ハイキングというものをしないわたしが選んだのは、「メンリッヒェン」から「クライネ・シャイデック」を歩くコース。ゆるやかなくだりがつづく初心者向けのルートらしい。

まずはグリンデルワルト・ターミナル駅からゴンドラに乗車である。グリンデルワルト駅の隣りの新駅で、ここからゴンドラ・バーンというゴンドラに乗り込みいっきに今回のハイキングコースの出発点メンリッヒェンまで。2019年にできた新しいゴンドラなのだそう。

ところでスイスの物価である。板チョコ1枚が400円くらいする。スーパーマーケットのお弁当でも軽く2000円超え。日本から来たわたしはいちいち驚いてしまうが、スイスで暮らす人々にとっては普通のこと。そもそもスイスは人件費が高いそうで、

「レストランのホールスタッフの時給は4000円くらいなんですよ」

と添乗員さんが言っていた。

さて、ゴンドラ・バーンに乗り込み出発である。ゴンドラは遊園地の観覧車くらい次々とやってきて、改札を通ってしまえば好きに乗り込む感じだった。

hiking course 1

ハイキングコース ①

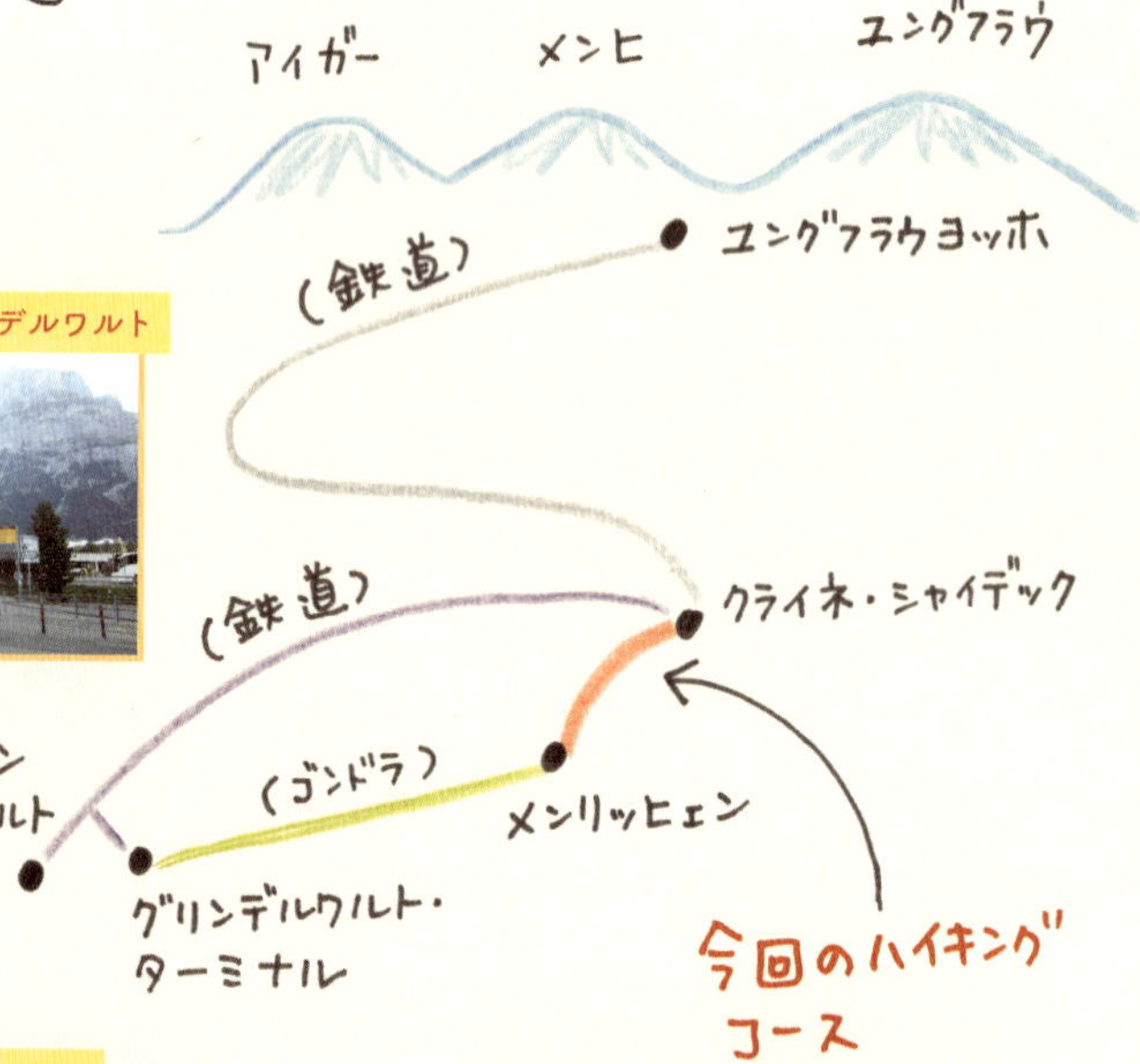

グリンデルワルト

ゴンドラ・バーン

レシュティ

ハイシーズンはわからぬが9月の平日は貸し切り状態である。

アルプス、近っ～

空中で仰ぎ見るアイガー北壁。圧巻だ。鳥になってアルプスを飛び回るような？

ハイキングが体力的に不安な人でも、このゴンドラに乗るだけでアルプスを満喫できる。

例えば、年齢差があるファミリーが海外を旅するならスイスがいいんじゃないか。おじいちゃんおばあちゃん、赤ちゃんチームはゴンドラや登山列車での往復観光。若者たちは山歩き。どこからどう見ても山は美しく、山の思い出は共有されそうだ。ただし、物価を思えば一家大散財になることは間違いなかった。

ゴンドラ・バーンで空中散歩後、メンリッヒェンに到着する。外へ出ると子供用の遊具や遊び場があり、大きな牛たちがうろうろしていた。

広々としたオープンカフェがあったのでまずは腹ごしらえ。屋内の席もあり、カウンターで料理を選び、会計後に好きな席に座るシステムだ。スイスは意外に現金主義。カードも利用できるが、会計時に少し大きなお札を出しても嫌がられない。通貨はスイスフラン。チップが不要なのも気楽である。

せっかくなのでスイス名物「レシュティ」を注文する。細かくカットしたじゃがいもを固めて焼いた一品である。巨大なソーセージが添えられていた。一皿、確か４０００円くらいしたと思う。瓶入りのミックスジュースも買い、テラス席へ。スーパーで買っておいたバナナも一緒に平らげた。

日射しは強く気温は30度越え。念のためリュックにはダウンも入れてあったが、もう半袖で十分。とはいえ山の天気である。わたしは9月の初旬に訪れてすごく暑かったのだが、ほんの少し前の8月の終わりには雪が降ったらしい。

いろんな国からの観光客で賑わっていた。ドイツ、フランス、イタリア、オーストリア。周辺をぐるりと囲まれたスイスである。ハイキングする気一切ナシのご高齢の一行が、青空の下、ワインを飲みながら語り合っていた。イタリア人だろうか。楽しそうだった。

コロナ禍の外出禁止の日々を共に生きた人々である。

いよいよスイスの山をハイキング。

メンリッヒェンからクライネ・シャイデックまで約1時間半のコースだ。先々に道しるべはあるが、迷いようがないコースである。花の時期は終わっていたので、高山植物に興味がある人は9月ではちょっと遅い。

てくてく歩く。本当に、てくてく、という感じ。勾配はほぼなく、年配の方も結構歩かれていた。

このコースがいいのは前方の景色がずーっと美しいことである。アイガー、メンヒ、ユングフラウの三山が目の前に広がり、わたしはどれかわからなかっ

たがヴェッターホルンも見えるらしい。とにかく振り返って景色を見る必要がない。ただ前をむいて、

「ええ気持ちやな〜」

と感じていればいい。

ところどころにベンチがあり、途中でランチをする人々の姿もあった。同じツアーの一家が昼休憩をしていたので、

「こんにちはー」

と手を振り合う。今回は15人ほどのツアーだったが、若い夫婦はヨーロッパ最高地点の鉄道駅にある展望台ユングフラウヨッホまで行くのだと言っていた。ハイキングをしない家族もいた。

昔なら「せっかくスイスに来たのだし！」と無理をしたかもしれないが、今のわたしは「ほどよいコースでええな」である。

子供の頃に夢見たハイジの世界。今、そこにわたしはいた。ハイジのオープ

ニングメロディが脳内に鳴り響く。

来たで。

スイスに来たで。

わたしは子供時代のわたしにメッセージを送った。

ハイキングコースの景色にはリズムがあり、とにかく楽しく心地いい。何度も立ち止まり深呼吸。体内の汚れたエキスが取り払われるようだった。

てくてくハイキングを終え、ゴールのクライネ・シャイデックに到着した。

ここからまだ歩いて下山する人もいるようだが、わたしは登山鉄道で麓まで戻るプランである。

列車がきた。進行方向の右側に座るとアイガー、メンヒがよく見えるが、左側からでも見える（山がデカいし）。空いている席にさっと座ればいいと思う。30分ほどで宿泊先があるグリンデルワルトの街に到着。今回利用したゴンドラと登山鉄道代は合わせて１２０００円ほどだった。

夕飯は何にしよう。やっぱりチーズフォンデュ？　レストランに入ってみる。受付でチーズフォンデュがあるか確認。あるらしい。注文する。ほどなくしてチーズフォンデュがやってきた。チーズの入った鍋と、山盛りのパン。付け合わせにじゃがいもとピクルスがちょこっとついていた。一般的なチーズフォンデュはこういう感じのようだ。

店長らしき優しそうな女性がテーブルにやってきて、

「この店を選んでくれてありがとう！　チーズフォンデュ初めて？　よかったら食べ方を説明しますね！」

と英語で言ってくれた。ちなみにグリンデルワルトの街ではドイツ語が一般的。スイスは地方によって公用語が変わり、ドイツ語の他にフランス語、イタリア語、ロマンシュ語があるという。

ぜひお願いしますと説明を聞く。じゃがいもはカットして食べるらしい。チーズにつけるときは、底のほうをかき混ぜるようにするといいらしい。確かに、チーズが焦げにくかった。

食べてみた。知っているようにおいしかった。スイスで食べている！　という高揚感が無料のトッピングだった。

次はマッターホルンを望むハイキングにチャレンジである。

マッターホルンである。

映画の始めに出てくる尖った雪山？

それくらいしか知らなかったわたしである。

マッターホルンは標高４４７８メートルあるらしい。ちなみに富士山は３７７６メートル。今回は、まず登山列車でゴルナーグラート展望台まで上がってマッターホルンの姿を拝み、その後、マッターホルンを眺めながらの短いハイキングをする予定だった。

hiking course 2

ハイキングコース②

スネガ・パラダイス

スネガ・パラダイス展望台。ツェルマットからケーブルカーであっという間。

その前に朝焼けのマッターホルンである。

マッターホルン観光の拠点となるのはツェルマットの街である。目抜き通りは土産物屋やレストランが並びたいそうにぎやか。まるで原宿である。なのに、通りの先にひょっこりとマッターホルンが見えるという不思議な光景が広がっている街だ。

ご来光好きの日本人が、朝焼けに染まるマッターホルンを見るために集まる橋があり、通称「日本人橋」と呼ばれているらしい。

夜明け前。

せっかくなので日本人橋に行ってみた。大勢の人がすでに橋の上に集結していた。日本人もたくさんいたが韓国人の観光客も多かった。みな期待に満ちた顔でご来光を待っていた。

午前7時2分。マッターホルンのてっぺんに太陽の光が射した。まるでロウソクに火が灯ったよう。想像以上に美しくて、みんなでわーわー見られたのもなんだか楽しかった。

ツェルマットの街で数日のんびりできるのなら、窓からマッターホルンが見えるホテルを選ぶのもいいと思う。朝夕の美しいマッターホルンをベランダから眺められるなんてステキではないか。わたしのパックツアーは駅近くのホテルで、便利ではあったが窓からマッターホルンは望めなかった。ツェルマットの街は環境保全のためガソリン車の乗り入れが禁止されており、街の中を走りまわっているのは小さな四角い電気自動車。おもちゃの街のようである。

さて、マッターホルンご来光を楽しんだあと、朝食前に登山鉄道の切符を買っておくことに。日中は駅の売り場がものすごく混むらしい。

ゴルナーグラート展望台に行くための登山鉄道はツェルマット駅の向かいにあり「ゴルナーグラート バーン」と英語で書いてある。

早朝から列車は動いているが、係員がいるチケット売り場はまだ開いておらず、数台並んだ券売機でチケットを購入できるようだった。英語のボタンを選び、ゴルナーグラート展望台までの往復チケットのボタンを選び、支払い。クレジットカードはタッチ決済だけで、わたしのクレカはそれができずスイスフランで払う。ゴルナーグラート駅までは片道33分。値段は時期によって変動するらしいが往復で約１９０００円だった。券売機コーナーで出会った日本の男の子たちは「学生にはきびしいです」と嘆いていた。

マッターホルンハイキングの前に、ツェルマットから気軽に行けるスネガ・パラダイス展望台へ。これはツアー観光についていたので、添乗員さんに引率されみなでぞろぞろと向かう。

ツェルマット駅から10分ほど歩いたところにケーブルカー乗り場があった。そこからわずか5分で展望台に到着である。

はい、マッターホルン、どーん！

全体像がよくわかる。この展望台から見られる山は他にモンテローザ、ブライトホルン。わたしはいまいちどれかわからなかったが、とにかくマッターホルンを遠目で眺められる絶景である。こんなところにケーブルカーでたったの5分で来られるなんて、スイスの観光力はハンパない。旅に疲れた人はハイキング無しにして、もうここでいいんじゃないかと思うくらいお得な景色だ。

午前中のツアー観光はここで終了。展望台で解散だ。この後は、それぞれが立てたプランである。マッターホルンにもっとも近い展望台「マッターホルン・グレッシャーパラダイス」まで行くというご夫婦もいた。

スネガ・パラダイス展望台にはカフェもあり、わたしはしばしコーヒータイム。コーヒーカップにマッターホルンが浮かんでいるようにカメラ撮影するもピンボケだった。

ケーブルカーで麓まで降り、途中、感じのいいパン屋さんでランチ用のサンドイッチを購入。いよいよ登山鉄道に乗ってゴルナーグラート展望台へ。

チケット売り場は長蛇の列だった。早朝に券売機でチケットを買っておいたのでスイスイと改札を通過。

ゴルナーグラート展望台行きの登山鉄道は右側のシートがおすすめらしい。マッターホルンがよく見えるので乗車時は右側の取り合いになるみたいだ。だからそこそこ殺気立っていた。わたしは並んだ時点ですでに後方だったので、入ったらすぐ左側の空席をゲット。

確かに右側はマッターホルンがよく見える。最初のうちは写真を撮ろうと立ち上がる人で背中ばかりになるけれど、景色に慣れてくるとみな落ち着き、結局どこに座ろうが見える。そもそも窓が大きいのである。

約30分でゴルナーグラート駅に到着。広々とした展望台。雄大だ。そしてマッターホルンが近い。すぐそことという感じ。氷河も見られる。ゴルナー氷河、グレンツ氷河。積もった雪のようにも見えるが氷河らしい。

レストランや土産物屋もあり、ここが本当に標高３１３１メートル？　と不思議な感覚に。スイスの観光地はどこに行ってもトイレがきれいで改めて感心してしまう。

スウォッチも売っていた。言わずと知れたスイスの時計ブランドである。せっかくだしここで自分土産を買おうではないか。マッターホルンの絵が描かれた限定スウォッチを購入する。

「つけていきます！」

すぐに腕に巻く。

この時計をしていると、「いいね！　それ！」と、買い物先でよくスイスの店員さんたちに声をかけられたものだった。

マッターホルンを眺めながら麓で買ったサンドイッチを頬張る。おなかが減っているはずなのにあまり入らないのは標高のせいなのだろうか？　無理して食べず水分だけはしっかり取り、いよいよハイキング。ちなみにスイスは水道水がそのまま飲める。アルプスの水だ。朝、ホテルで水道水を水筒に入れればよいので買わずに済むのだった。

ゴルナーグラート展望台を満喫した後は再び列車に乗り、ひとつ下のローテンボーデン駅まで戻る。そこから次のリッフェルベルク駅までの区間をハイキングするのが初心者向けのコースである。だいたい1時間くらいだろうか。

このコースの見所は湖に映る「逆さマッターホルン」である。

湖はふたつあり、「逆さマッターホルン」は風がない晴れた日に見られるらしい。ちょうど見ることができた。歩き始めてすぐにひとつ目の湖があるので、ハイキングはせずこれだけ見て引き返す人々も。パンプスの女の子もいて、確かにゴルナーグラート展望台とこの湖を見るくらいならそれでもなんとかなりそうだ。

湖を後にして歩いていく。基本、下り坂がつづいて滑りやすい。石のかけらが大きいので転んだらスパッと怪我をしそう。足元に気を配りながら進んでいく。メンリッヒェンからクライネ・シャイデックまでののんびりハイキングとはひと味違う緊張感である。

マッターホルンがきれいだった。似た構図なのについ何枚も写真を撮ってしまう。途中からマッターホルンが背後になるので、そこからの景色はややもの足りない。逆方向から来る人のほうが景色が楽しめると思うが、ただし、のぼりになるのでそれはそれでつらそうだ。わたしの好みでいうなら、メンリッヒェンからクライネ・シャイデックのハイキングコースのほうが断然楽しかった。

リッフェルベルク駅に到着し、そこから登山鉄道でツェルマットの街まで戻る。チケットには時間や座席指定はないので乗りたいとき乗ればよし。帰りはマッターホルンがよく見える側に座れたものの、うつらうつら。まわりの人も結構眠っていた。みな思い思いに満喫したのだろう。

こうしてスイス旅の目的であるふたつのハイキングが終了する。

スイス。

子供時代『アルプスの少女ハイジ』を見て憧れていた場所。ひとつのアニメがこんなに遠くまで大人のわたしを連れて来てくれたのだった。

Swiss
スイス

ローテンボーデンからリッフェルベルクまでの初心者ハイキング。手前の小さな湖に映った逆さマッターホルン。

ハーダークルム展望台。街中からケーブルカーで約10分。気軽すぎてびっくり。

グリンデルワルト。街中で巨大なアイガーが見える。

スイス名物レシュティ。細切りじゃがいもをカリカリに焼く。

グリンデルワルト・ターミナル駅からゴンドラ。ハイジの世界！

ホテルの朝食ビュッフェ
の席取りは、
あの席しよ〜
サッとグラスにジュース
を入れて席に置く
ここね〜
特に海外では、
ハンカチを置くより
いい気がする
うん
海外の
ビュッフェ楽しい
うきうき

きつねうどんと豚まんと

大阪

2024

所用で大阪へ。新幹線で新大阪に到着したのはお昼過ぎ。地下鉄に乗り変え難波駅まで。ホテルに荷物を預けた後にいそいそと向かう先は「うさみ亭マツバヤ」。老舗のうどん屋さんである。以前、平松洋子さんが「週刊文春」のエッセイでこの店のことを書かれていて、いつかわたしも行ってみたいな〜と思っていたのだった。

週末の戎橋筋《えびすばしすじ》商店街は祭りのような賑わいである。海外からの観光客が楽しげに練り歩いており、戎橋の上ではグリコの看板前で片足上げてのあのポーズ。たくさんの人が記念撮影していた。

店は商店街から少し外れた通りにあった。白い暖簾と年季が入った「商い中」の木札。見るからにおいしそうな店構えである。

暖簾をくぐる。縦長の小さな店内。厨房前のテーブル席が空いていた。

「きつねうどんと、ちくわの天ぷらください」

慣れ親しんだはずの大阪弁がどこかぎこちない。妙に大げさな大阪弁になっていた。

きつねうどんとちくわ天がやってきた。お揚げはでっかい長方形。

つゆを一口。甘い。この甘さをおいしいなぁと思う。初めての店なのに関西風の甘さに懐かしさが込み上げてくる。うどんはふんわりやわらかで、そうそうそうそう、このやわらかさ！　とこれまた懐かしい。揚げの味付けは甘くはなく、さっぱり。出汁との新鮮な組み合わせである。

壁の品書きに「おじやうどん」の文字。どんなんやろ？　と思っていたら、後ろの席に座ったお姉さんが「おじやうどんください」と注文する声が聞こえた。次来たときはこれにしよう。店内に音楽はなく、厨房の音だけが聞こえるのが心地いい。大満足な上に千円でおつりがきた。

少し時間があったのでアメリカ村をひとまわり。高校生の頃、バイト代が入るたびに友と連れ立って洋服を買いに来た場所である。アメリカ村という名は、70年代、アメリカから輸入した古着が売られ始めたのがその由来なのだとか。

三角公園も健在だった。小さな広場で、ここでなにをしたというわけではなく、三角公園を基準にアメリカ村のいろんな店の位置を把握していた感じだった。今は海外ツアー観光客の休憩所になっているのか、みなたこやきやコンビニのおにぎりをおいしそうに食べていた。

その後、所用を済ませて、夜、再びミナミに戻る。

さて、夕飯はなににしよう？

「豚まん食べようか」

同行のうちの彼と「551HORAI」本店へ。一階のテイクアウトは大行列になっていたが、意外に二階のレストランにはすんなり入れた。

あまりおなかは減っていなかったので、豚まん2個と牛肉の甘味噌炒めクレープ包み、つまみに胡瓜《きゆうり》の豆豉《トウチ》和えなど軽めに。

「高校生の頃さ、友達と豚まんだけ注文して食べてた」

などと思い出話。

定食を食べている人がちらほらいて、ひとり旅にもぴったりだなぁと思う。運ばれてきた熱々の大きな豚まん。からしをつけながらパクリ。実家に帰るとたまに母が買ってきてくれるが、レストランの出来立て豚まんは格別である。胡瓜の豆豉和えの胡瓜がキンキンに冷えていて、クセになるおいしさだった。

食後、戎橋周辺をぶらり。夜はさらに人出が多く、ギラギラ輝くネオンやド派手な看板の下を歩いていると、まるでゲームの中に入り込んでしまったよう。

射的場があった。

やってみようじゃないか。

コルクガン、7発500円。呼吸を整え、狙いを定めてお菓子の箱を射つ。
軽々と4箱のお菓子を射ち落とした。
わたしの才能ってコレだったのか？　ライフル射撃とか。オリンピックには
もう間に合わないことが悔やまれた。

大阪なんば戎橋
とりあえずグリコのポーズで写真
いつも思うケド
この橋って
何人乗れんの？
人でぎっしり

憧れの奈良ホテルへ

奈良

2024

昔、ひとり旅で奈良ホテルのカフェを利用したとき、いつかここに泊まってみたいなぁと憧れていたのだった。ちょうど桜の季節に予約が取れた。

近鉄奈良駅到着後、無料の送迎バスでホテルへ。

奈良ホテル。外観は和風だが、中に入ると赤絨毯の大階段。すてきな和洋折衷だ。吹き抜けになっている天井にはクラシックなライトがつり下げられていた。

チェックインにはまだまだ早く、荷物を預けて街へと繰り出す。奈良ホテルを出た先に聖ラファエル教会へとつづく下り階段があり、通り抜ければ土産物屋や飲食店がある「ならまち」と呼ばれるエリアに。

奈良とはいえば柿の葉ずし。ガイドブックに載っていた「平宗《ひらそう》」奈良店へ。創業160年、谷崎潤一郎も通った店だとか。

ちょうど昼時でしばし待ち、テーブル席に案内される。奥には座敷席もあった。柿の葉ずし3つと、温かい三輪素麺、天ぷらのセットを注文する。

柿の葉ずしは、大きな柿の葉をむくのがやはり楽しい。ほどよい酸味。鯖もサーモンも癖がなくて食べやすく、魚が苦手な人でもぱくぱくいけそう。

そして、久しぶりに食べる温かい素麺。

わたしは温かい素麺が好きだった！

ということを思い出した。これからはもっと作って食べようと思う。

ランチの後はのんびり歩いて興福寺と東大寺へ。世界遺産を徒歩圏内でいくつも観光できるってすごい。久しぶりの奈良旅に感動する。

高さ15メール。東大寺の巨大な大仏さま。大きなものを見上げるのが心地いいのは、深呼吸の姿勢と似ているからかもしれない。

大仏像の背後をぐるりと回った先に人だかりができていた。柱に開いた穴をくぐるための列だった。柱の穴は大仏像の鼻の穴と同じ大きさで「くぐると頭がよくなる」と小学校の遠足のときに先生が言い、一部の男子たちがササっとやっていたのがうらやましかった。

大人になって見てみれば、穴は想像していたよりも小さくて、海外の観光客（主に大人たち）がくぐりぬけようと必死になっていた。

奈良公園には、むろんシカがいた。いっぱいいた。しかし、買ったシカ煎餅を全然食べてくれない。この日は日曜で観光客が朝からどんどん与えているせいでシカだっておなかいっぱいなのだ。

初日の観光を終え、奈良ホテルに戻ってチェックイン。

重厚感のあるフロント。木製の台は飴色にぴかぴかと輝いている。一階奥の間にはアインシュタインが演奏したというピアノが展示されていた。小さなピアノだった。どんな曲を弾いたのだろう？

本館の客室は白壁のシンプルな内装で、窓辺に小さなテーブルと椅子があった。絨毯は若草色。天井にはお団子のような丸いライト。クラシックだけどこざっぱり。落ち着く部屋だった。

夕飯はホテルの和食を予約していたのだが、意外に居酒屋のような雰囲気でめちゃくちゃ気軽。手の込んだ懐石を肩肘張らずに食べられる。メインダイニング「三笠」ではフレンチのコースが楽しめ、そちらは披露宴会場のように豪華なレストランだ。ちなみに朝食はこの「三笠」で和食、洋食が選べるのだが、ほとんどの人が和食を選んでいた。緑茶の茶粥が有名らしく、わたしも食べたが香りが良く、もう一度食べたいくらいおいしかった。

大和《やまと》の朝は茶粥で明ける

そう言われるほど茶粥は奈良で親しまれているのだという。

さて、奈良二日目は春日大社へ。林の中の参道。日曜日とは打って変わり、月曜日のシカたちはシカ煎餅を食べてくれた。追いかけられるくらいの勢いだ。奈良のシカはエサをもらうためにおじぎをする。その仕草がかわいいからと、何度も何度も何度もおじぎをさせる人がいる。「早よ、煎餅あげて」と思う。写真でよく見る春日大社の朱塗りの美しい廊下。門の前のしだれ桜は満開だった。

春日大社を後にして、最後のおたのしみ。吉野本葛《ほんくず》である。ガイドブックにあった「吉野葛　佐久良」へ。奥の畳の部屋で中庭を眺めながら待つこと数分。くずもちがやってきた。別添えのきなこと黒蜜をぷるぷるのくずもちにかけて口に入れる。ひんやり。ほどよい弾力。あまりのおいしさに追加でくずきりも注文する。こちらは歯ごたえがあり、けれどのどごしはなめらか。どちらもすごくおいしかったが、わたしはくずもち派である。

大好物の葛を食べ、短い奈良の旅が終わる。見所がたくさんあるのにごみごみしておらず、距離感がコンパクト。なんだか奈良にハマりそうだ。

近鉄奈良駅から京都まではネット予約しておいた観光特急「あをによし」で。紫色の雅な列車に乗り込み、ゆったりとした車内から車窓を楽しむ。

「このままずっと乗っていたい……」

のんびりする間もなく30分ほどで京都に到着。新幹線で東京に戻った。

春日大社のシカのおみくじ。

憧れの奈良ホテル
泊まった〜
日本クラシックホテルの会に加盟しているのは9つのホテル
全部泊まってみたい♡
日光金谷ホテル
富士屋ホテル
万平ホテル
東京ステーションホテル
奈良ホテル
ここまで泊まりました
蒲郡クラシックホテル
ホテルニューグランド
川奈ホテル
雲仙観光ホテル
あと4つ いつかは!

きびだんごで鬼退治

岡山・倉敷

2024

倉敷、母とのふたり旅。

まずは新幹線で岡山駅へ。土産を買うのが旅の目的ではないか？　と思うくらい土産好きの母のために、早速、岡山駅構内の土産売り場を偵察する。

岡山といえば「きびだんご」。断トツの売り場面積である。桃太郎のかわいいイラストのパッケージの商品が並び、少量サイズから大箱までいろいろ。

「お土産は帰りにここで買えるから安心して」

というと母は安心していた。

岡山駅の新幹線の改札近くで手荷物をホテルに届けてくれる有料サービスが

あり、宿泊先のホテルも対象になっていたのでキャリーケースを預ける。いっきに身軽になり、在来線の普通列車に乗り換え倉敷駅まで。

車内には倉敷に向かう海外観光客もちらほら。平日なので地元の高校生たちもいる。スマホ片手に額を合わせている高校生たちを見ていると、自分の高校時代にスマホがあったらどんな感じだったんだろう？　といつも想像する。夜、布団の中で、学校でのこと、好きな先輩のこと、将来の夢の話をやりとりするなんて楽しそうだなぁと思う。

普通列車に乗って20分弱で倉敷駅に到着。観光名所の美観地区へは、母とのんび～り歩いて20分ほど。

「いつもと違う場所で買うと当たるかも」

途中、母は宝くじを買っていた。

倉敷川が見えてきた。

白壁の街並み。揺れる新緑の柳。修学旅行の男の子たちが飲んでいた真っ青な飲み物（ラムネ?）までもが美しく見える。

お昼ご飯は大原美術館の向かいにある「亀遊亭」へ。明治時代に立てられた瓦屋根の洋食レストランだ。母はランチセット。わたしはカツカレー。食べ終えて倉敷美観地区観光。あいにく風が強く、倉敷川を舟に乗って観光できる「くらしき川舟流し」はお休みだった。

土産物屋を出たり入ったりしながら街を散策する。

「倉敷民藝館」にも入ってみた。

民藝。柳宗悦が中心となり、人々の暮らしの中で使われてきた生活道具の中に美しさを見いだし、それを民藝と名づけた運動である。

母が不思議そうに言った。

「なんでこれ見るの？」

母の子供時代、普通に家にあった竹カゴや和箪笥が展示されているわけである。

「お母さん、今はこういう昔のもんをお金払ってありがたく見るんやで」

と言うと「へー」と驚いていた。

「この蓑、おじいちゃん自分で作って雪の日に着てた」

母はいきいきと民藝を紹介してくれた。

「これ、ご飯いれるやつや」

飾りと思って見ていたかわいいカゴの用途を教えてくれたとき、ふいに小さい女の子だった頃の母を想ったのである。

観光を終え、ホテルにチェックイン。岡山駅で預けた荷物はすでに届いていた。いかに重たいものを持たずに旅をするか。中年以降の旅の極意である。

夜はホテルのレストランで。夕飯後、散歩がてら倉敷川沿いの美観地区のライトアップをふたりで見にいく。

川面に映る古い街並。それを母が自分のスマホで写真を撮っている姿を、わたしはきっと忘れないだろうと思った。

一夜明け、朝食を済ませたあとは母を部屋に残し、昨日、強風で乗れなかった川舟流しの予約を取りにいく。開館前だというのに倉敷館観光案内所にはすでに長蛇の列。みな舟の予約のため早くから並んでいたのである。

やばい出遅れた！

しかし、ぎりぎり午前中の予約が取れ、ホテルに戻ってチェックアウト。フロントに荷物を預け、舟着場へ。

舟に乗り込む。6人ほど乗船しただろうか。希望者は笠を借りて頭にかぶることができ、みな張り切ってかぶっていた。むろん、わたしたちもかぶる。すぐ後ろの席は、海外からのひとり旅の青年。写真を頼むと構図を変えて何枚か撮ってくれた。

「サンキュー、サンキュー」

カメラを受け取ってバッグに入れようとすると、撮った写真が大丈夫か確認するよう彼に言われた（ジェスチャーで）。確認した。きれいに撮れていた。

「ＯＫ！　サンキュー」

礼を言うと彼は安心していた。

わたしも撮りましょうか？

つたない英語で聞いてみた。自分の写真はいらないらしかった。わたしもひとり旅のときは自分の写真っていらんな、と思う。彼の気持ちがわかる気がした。


小さな舟が倉敷川を進んでゆく。船頭さんの説明を聞きつつ、岸辺を歩く人々に手を振り返しつつ、20分ほどで終了する。倉敷美観地区は新郎新婦の撮影スポットとしても人気のようで、あちこちに色打ち掛けの新婦と羽織袴の新郎がいて、いろんな人に「おめでとう！」と声を掛けられてはにかんでいた。

コンパクトな観光地だから、倉敷は高齢者との旅にもちょうどいいサイズ感である。川舟流しは乗ってみれば船頭さんの話も楽しくて、迷ったときは乗ってみるのがいいと思う。

帰路の岡山駅で、母はご近所さんたちへのお土産に大量のきびだんごを買っていた。

「鬼退治できるな」

わたしは笑った。

あとがきに
かえて
2024　夏
サフィール踊り子号に乗って東京から伊東へ
全席指定のいわゆる観光列車で個室もあり、
一時間半ほどではありますが旅気分を満喫できます（一ヶ月前にチケットが買える）
みどりの窓口
サフィール踊り子号の個室を！
東京駅で買ったお弁当を食べ
海だ
途中、トイレに行く時に6人個室がチラリと見え
おっ
70代くらいの男性グループが盛り上がっておりました
同窓会？楽しそ!!
ふふ

昼過ぎに伊東駅に到着し、クラシックホテル「川奈ホテル」へ
送迎バス
川奈ホテル
でかー
外観からは"クラシック"は感じないのですが、中に入ると……
巨大ロビーの重厚感!!
おお…っ
映画のような暖炉!!
めっちゃ
クラシック♡
ゴルフコースがあるのでゴルフ客が多いのですが温泉もあり
バーもある
ノンアルカクテル飲む
カフェ「サンパーラー」のフルーツロールケーキはヨーグルト風味でおいしく

朝食（洋食）の
メインダイニングルーム
の銀食器はピカピカ
ええもん見たー
ザー
川奈ホテル
一泊して伊東駅に着くと、天候不良で電車が運休しており
マジかー どうする？
ハッ
伊東といえばハトヤじゃないですか？
そうだ
ハトヤに泊まろう!!
ハトヤは休館日だったのでサンハトヤへ
ザー
サンハトヤ
名物のお魚風呂にはでかい亀もおりました
温泉
売店にはハトヤグッズ
ハトヤサブレ
ボールペン買った

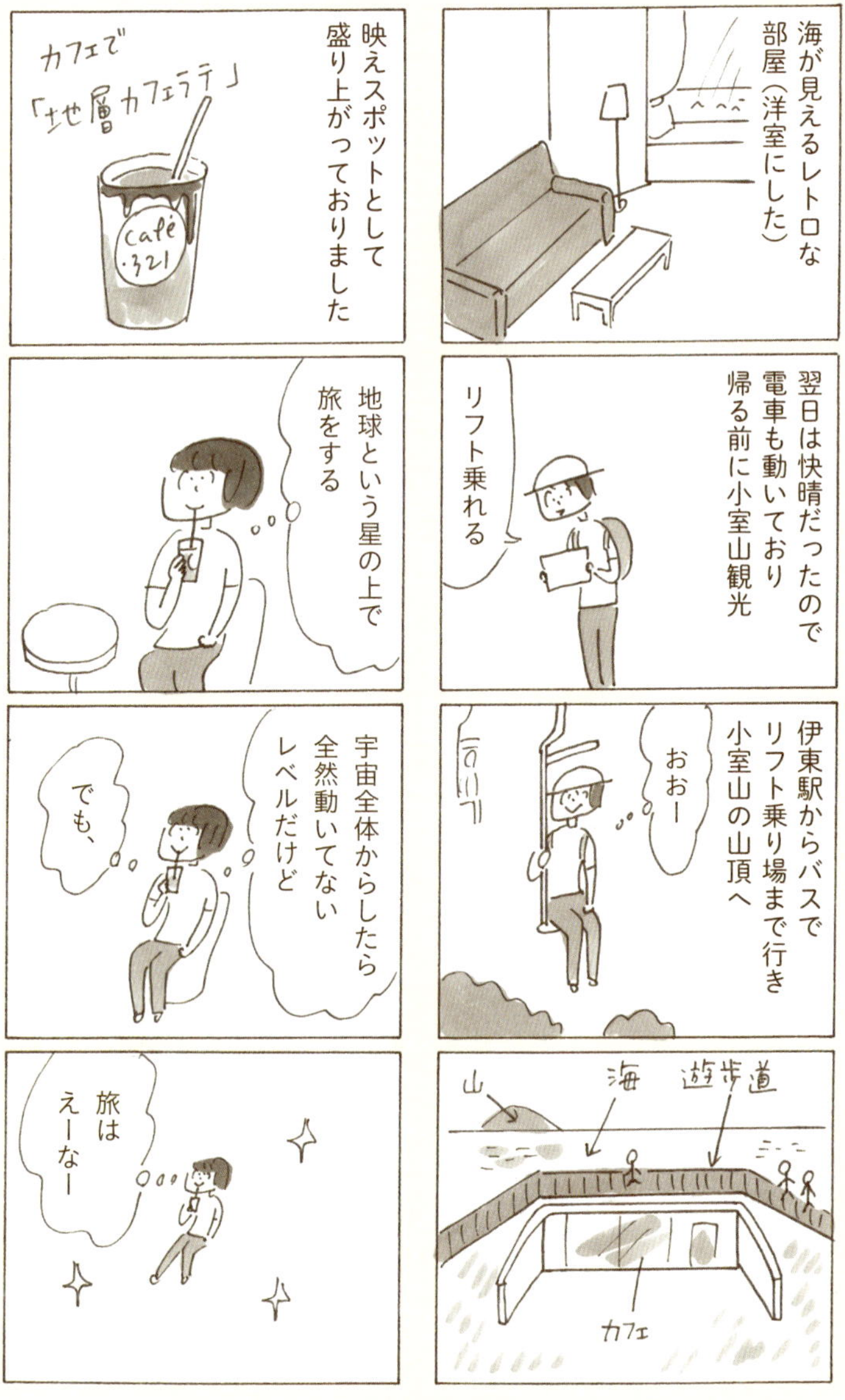

海が見えるレトロな部屋（洋室にした）
翌日は快晴だったので電車も動いており帰る前に小室山観光
リフト乗れる
伊東駅からバスでリフト乗り場まで行き小室山の山頂へ
おおー
山
海
遊歩道
カフェ
映えスポットとして盛り上がっておりました
カフェで「地層カフェラテ」
café・321
地球という星の上で旅をする
宇宙全体からしたら全然動いてないレベルだけど
でも、
旅はえーなー

この作品は幻冬舎Ｐｌｕｓ連載の「前進する日もしない日も」（２０１６年６月〜２０２０年11月）、「うかうか手帖」（２０２２年３月〜２０２４年９月）から抜粋・加筆修正し、書き下ろしを加えたものです。

益田ミリ

1969年大阪府生まれ。イラストレーター。主な著書にエッセイ『47都道府県女ひとりで行ってみよう』（幻冬舎）『タイムトラベル世界あちこち旅日記』（毎日新聞出版）『小さいわたし』（ポプラ社）『かわいい見聞録』（集英社）『小さいコトが気になります』（筑摩書房）他。漫画に『すーちゃん』（幻冬舎）『今日の人生』（ミシマ社）『こはる日記』（KADOKAWA）『ミウラさんの友達』（マガジンハウス）『ランチの時間』（講談社）『ヒトミさんの恋』（文藝春秋）他、多数。『ツユクサナツコの一生』（新潮社）にて、第28回手塚治虫文化賞短編賞を受賞。

近《ちか》くも遠《とお》くもゆるり旅《たび》

2024年11月20日　第1刷発行
2024年12月5日　第2刷発行

著　者　益田ミリ

発行人　見城 徹
編集人　石原正康
編集者　君和田麻子

発行所　株式会社 幻冬舎
〒151-0051 東京都渋谷区千駄ヶ谷4-9-7
電話：03(5411)6211（編集）
03(5411)6222（営業）
公式HP：https://www.gentosha.co.jp/

印刷・製本所　株式会社 光邦

検印廃止

Printed in Japan
ISBN978-4-344-04349-7 C0095